모든 과목을 똑 부러지게 읽고 쓰고 말하는 힘
오늘부터 초등 논술왕

초판 1쇄 발행 2025년 12월 24일

지은이 최선민
펴낸이 이주화

책임편집 여수진
콘텐츠 개발팀 임지연, 여수진
콘텐츠 마케팅팀 안주희, 정유진
디자인 이다오

펴낸곳 ㈜클랩북스 **출판등록** 2022년 5월 12일 제2022-000129호
주소 서울시 마포구 어울마당로3길 5, 201호
전화 02-332-5246 **팩스** 0504-255-5246
이메일 clab22@clabbooks.com
인스타그램 instagram.com/clabbooks
블로그 blog.naver.com/clabbooks
페이스북 facebook.com/clabbooks

ISBN 979-11-93941-56-0 74700
　　　979-11-93941-11-9 74700(세트)

• 책값은 뒤표지에 있습니다.
• 파본은 구입하신 서점에서 교환해드립니다.
• 이 책은 저작권법에 의하여 보호를 받는 저작물이므로 무단 전재와 복제를 금합니다.

> ㈜클랩북스는 독자 여러분의 책에 관한 아이디어와 원고 투고를 기다리고 있습니다.
> 책 출간을 원하시는 분은 이메일 clab22@clabbooks.com으로 간단한 개요와 취지, 연락처 등을 보내주세요.
> '지혜가 되는 이야기의 시작, 클랩북스'와 함께 꿈을 이루세요.

모든 과목을 똑 부러지게 읽고 쓰고 말하는 힘

오늘부터 초등 논술왕

최선민 지음

주니어클랩

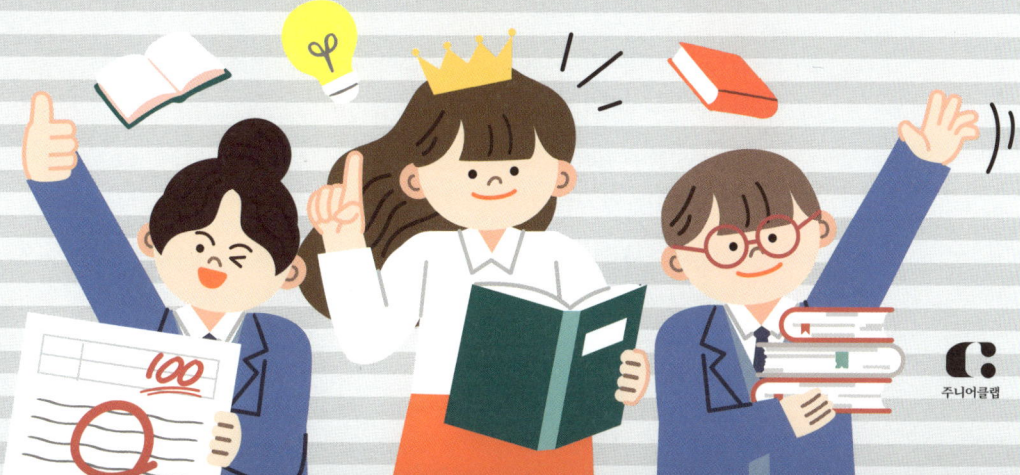

차례

이 책의 구성과 특징   8
작가의 말   10

1장. 기초 다지기

1주

월
- [국제·문화] 한국 육상 첫 세계 대회 금메달!   14
- [과학·기술] AI가 수학 올림피아드에 나갔어요   16

화
- [경제] 지역 경제 살리는 싸이 콘서트   18
- [과학·기술] 음악 차트 점령한 인기 밴드 그룹, 알고 보니 AI   20

수
- [사회] 개인 정보가 줄줄줄, SKT 유심 해킹 사건   22
- [인물·기업가] 누구나 금손으로 만들어 주는 '캔바'   24

목
- [사회] 노쇼로 울상된 가게, 무료 나눔으로 화제   26
- [경제] 전 국민에게 드려요, 민생 회복 소비 쿠폰   28

금
- [국제·문화] 선진국들의 모임 G7, 한국도 들어갈 수 있을까?   30
- [과학·기술] 다누리, 2년 더 달을 탐험해요   32

🪴 주말엔 쉬어가기   34

2주

월
- [인물·기업가] 투자의 신, 워런 버핏 은퇴   36
- [경제] 미국에 투자하는 한국 기업들   38

화
- [과학·기술] AI 전문가, 파격 대우로 모셔 갑니다   40
- [경제] 한국과 대만, 경제 순위 바뀔까?   42

수
- [사회] 세계에서 어린이가 가장 적은 나라 대한민국?   44
- [국제·문화] '케데헌', 넷플릭스 역사상 최고 기록 세워   46

목
- [경제] 다이소 따라잡기, 이마트·편의점 초저가 경쟁   48
- [사회] 초고령 사회가 된 대한민국   50

금
- [경제] 영화를 천 원에 볼 수 있다고요?   52
- [환경] 6,000년 전 그림 반구천 암각화, 유네스코 등재   54

🪴 주말엔 쉬어가기   56

2장. 구조 이해하기

3주

월
- [환경] 러시아 캄차카반도, 화산 7개 동시 폭발 — 60
- [경제] 치솟는 농산물 가격, 높아지는 식탁 물가 — 62

화
- [국제·문화] 일본 대지진 예언 소동 — 64
- [과학·기술] 사진을 3D 피규어로, 압도적 성능의 나노 바나나 — 66

수
- [과학·기술] 중국에서 열린 세계 최초 로봇 올림픽 — 68
- [국제·문화] 이상한 캐릭터의 인기, '이탈리아 브레인롯' — 70

목
- [인물·기업가] 프란치스코 교황 선종, 새 교황 즉위 — 72
- [사회] 할머니의 늦깎이 공부, 최고령 검정고시 합격자 — 74

금
- [환경] 아이슬란드에 첫 모기가 나타났어요! — 76
- [사회] 배터리 화재로 정부 시스템 마비 — 78

🌱 주말엔 쉬어가기 — 80

4주

월
- [과학·기술] 우리나라 AI 기술, 분발하세요! — 82
- [사회] 과학 안 보는 이과생 늘어난다, '사탐런' 가속화 — 84

화
- [국제·문화] 트럼프 미국 대통령 두 번째 취임 — 86
- [과학·기술] AI가 인간 명령 거부하고 협박까지? — 88

수
- [인물·기업가] 불닭볶음면으로 세계를 사로잡은 김정수 부회장 — 90
- [경제] 수도권과 지방, 벌어지는 집값 격차 — 92

목
- [국제·문화] 경주 APEC 성공적 개최, 다양한 성과 거둬 — 94
- [환경] 7년 만에 갱신된 국가 기후 변화 지표종 — 96

금
- [사회] AI와 함께 자라는 베타 세대! — 98
- [국제·문화] 미국 보수 운동가 찰리 커크 총격 사망 — 100

🌱 주말엔 쉬어가기 — 102

3장. 근거 만들기

5주

월
- [사회] 그냥 쉴래요, 니트족이 된 청년들 — 106
- [인물·기업가] 천 원짜리 팔아 거대 기업 된 다이소 — 108

화
- [국제·문화] 못난이 인형 '라부부', 전 세계를 사로잡다 — 110
- [과학·기술] 지구가 예전보다 빨리 돈다고? — 112

수
- [사회] 사교육 열풍, 초등학생 수면 시간 더 줄었다 — 114
- [인물·기업가] 대한민국 제21대 대통령이 취임했어요 — 116

목
- [국제·문화] 이란의 무기, 호르무즈 해협이 뭐길래? — 118
- [사회] 요일제 공휴일 도입 될까? — 120

금
- [환경] 도심 속 곤충들의 대습격 — 122
- [국제·문화] 로제, K-팝 최초 미국 MTV '올해의 노래상' 수상 — 124

🌱 주말엔 쉬어가기 — 126

6주

월
- [사회] 4살, 7살이 고시라니요 — 128
- [사회] 내신 5등급제 시행, 자퇴생 급증 — 130

화
- [과학·기술] 백화점 직원이 된 로봇, 휠리 J40 — 132
- [환경] 조심하세요! 큰부리까마귀가 사람을 공격해요 — 134

수
- [인물·기업가] 침팬지의 어머니, 제인 구달 박사 별세 — 136
- [경제] 황금연휴, 경제에 도움이 될까? — 138

목
- [경제] 빵플레이션 시대, 990원짜리 소금빵 논란 — 140
- [국제·문화] 중국의 해외 콘텐츠 수입, 한한령 해제될까? — 142

금
- [과학·기술] AI가 장관으로 임명 되었어요 — 144
- [경제] 작지만 강한 희토류, 세계 경제를 쥐락펴락 — 146

🌱 주말엔 쉬어가기 — 148

4장. 논증 완성하기

7주

월
[사회] 말도 많고 탈도 많은 고교학점제 개선안 발표 — 152
[경제] 재정 긴축 vs. 부유세, 프랑스의 선택은? — 154

화
[환경] 우주 발사체 폭발, 멕시코까지 날아간 잔해들 — 156
[사회] 교육청 예산으로 운전면허 학원비까지? — 158

수
[경제] 브라질 닭고기 수입 중단, 치킨값 오를까? — 160
[경제] 빌린 돈 안 갚아도 괜찮아요, 빚 탕감 논란 — 162

목
[사회] 중국 관광객 무비자 입국 논란 — 164
[국제·문화] 극장 영화, 6개월 동안 OTT에서 못 본다? — 166

금
[사회] 서울대 교수님들, 성과에 따라 월급을 받아요 — 168
[사회] 전 남편 동의 없는 배아 이식, 괜찮을까? — 170

🪴 주말엔 쉬어가기 — 172

8주

월
[과학·기술] 이제 알츠하이머 진단도 AI가! — 174
[국제·문화] 가자 지구 전쟁 2년 만의 휴전과 인질 석방 — 176

화
[인물·기업가] 세대를 초월하는 가수, 가왕 조용필 — 178
[사회] 기적의 다이어트 위고비, 정말 안전할까? — 180

수
[환경] 불가사리를 이용한 친환경 기업, 스타스테크 — 182
[과학·기술] 우리나라만의 AI를 만들어요 — 184

목
[환경] 지구가 펄펄 끓어요, 세계 곳곳 기록적 폭염! — 186
[과학·기술] 생각만으로 로봇이 움직이는 BCI 기술 — 188

금
[사회] 늘어나는 전쟁, 여성 징집 논란 — 190
[국제·문화] 사라진 보물들, 루브르박물관 도난 사건 — 192

🪴 주말엔 쉬어가기 — 194

부록. 기사 속 단어 정리 — 196

이 책의 구성과 특징

이 책은 초등학생 수준에 맞는 단어와 문장으로 신문 기사를 재구성하여, 논리적인 글쓰기 능력을 기를 수 있도록 구성되었습니다. 주 차별로 차근차근 기사를 읽고 자신의 생각을 쓰다 보면, 어느새 사고력과 표현력이 눈에 띄게 향상될 겁니다. 자신의 생각을 술술 말하고 논리적으로 글을 쓰는 논술왕이 되어 보세요.

〈단어 깊이 알아보기〉는 초등 교과 수준에 맞춰 단어의 뜻을 확실하게 이해할 수 있도록 도와줍니다.

〈배경지식 더하기〉는 기사 안에서 구체적으로 소개가 되지 않았던 용어나 국제기구, 단체 등을 소개하여 상식의 폭을 넓혀 줍니다.

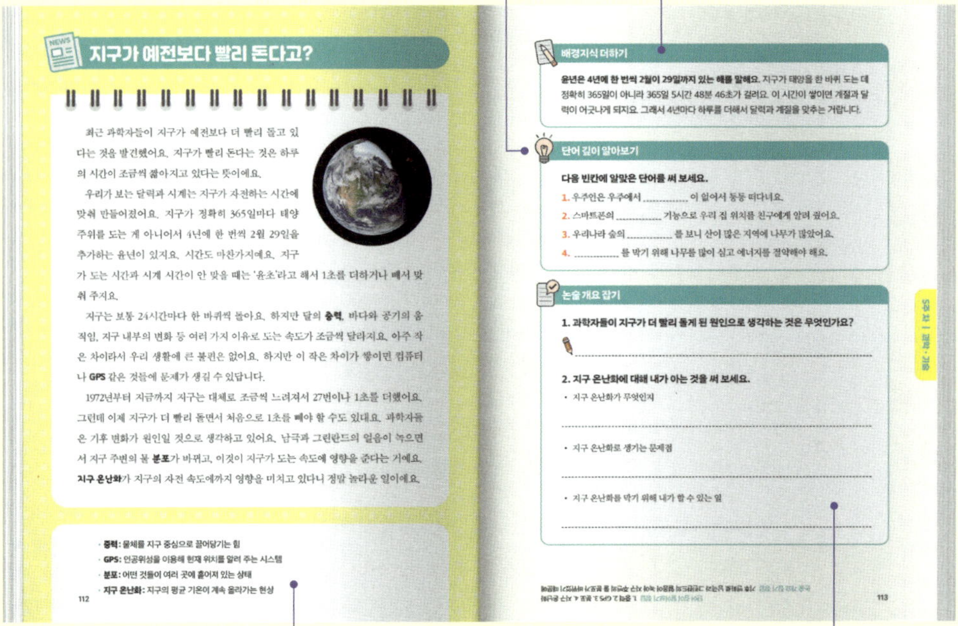

초등학생이라면 꼭 알아야 할 필수 '단어'를 모아 기사 내용을 더욱 정확하게 이해할 수 있도록 돕습니다.

〈논술 개요 잡기〉는 기사 속 내용을 요약한 뒤, 나의 생각을 정리하며 논술의 기초를 탄탄히 다질 수 있습니다.

8

〈자신감이 높아지는 단어 퀴즈〉는 앞에서 배운 단어의 뜻을 복습하며 나의 어휘 실력을 점검할 수 있습니다.

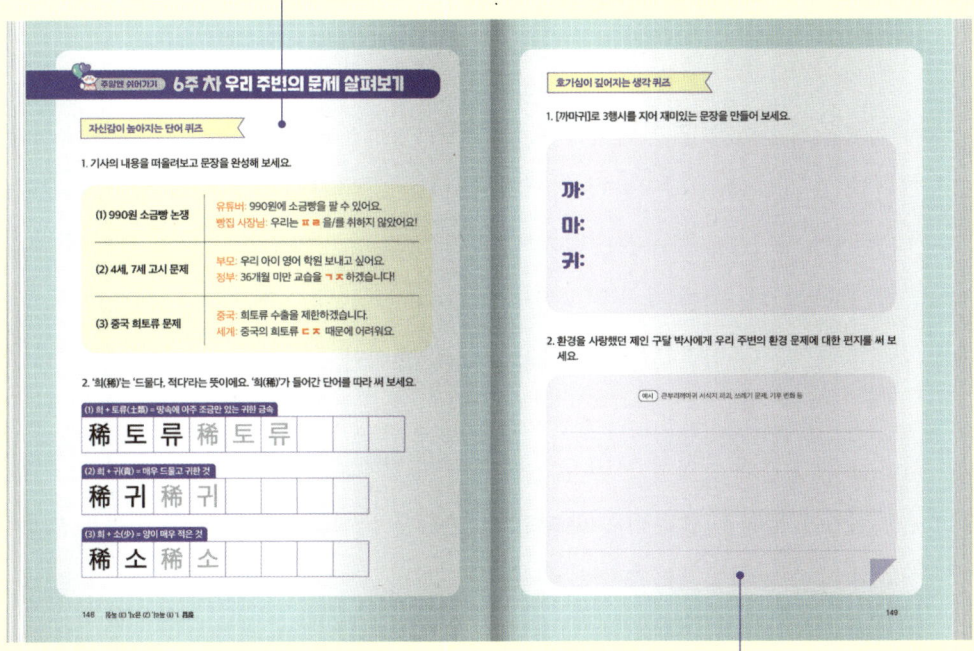

〈호기심이 깊어지는 생각 퀴즈〉는 다양한 글쓰기와 표현 활동을 통해 배운 내용을 스스로 확장하며 생각의 폭을 넓힐 수 있습니다.

일러두기

- 이 책의 기사는 2025년도 신문 기사와 텔레비전 영상 뉴스를 토대로 재구성하였습니다.
- 이 책에 소개된 단어의 뜻풀이를 비롯하여 외래어, 지명, 연도는 국립국어원의 표준국어대사전과 우리말샘을 참고하였습니다.
- 이 책에 삽입된 출처 표시가 없는 사진은 위키미디어, 픽사베이, 언스플래시에서 제공하는 이미지로 저작권이 없는 자유 이용 저작물 혹은 직접 촬영한 사진입니다.

• 작가의 말 •

"선생님! 글을 잘 쓰려면 어떻게 해야 하나요?"

지난 책을 출간한 이후 아이들과 학부모님께 사랑을 받아 '오늘부터 초등왕' 시리즈가 벌써 다섯 권이 출간 되었습니다. 『지식왕 1, 2』, 『어휘왕』, 『역사왕』에 이어 『오늘부터 초등 논술왕』으로 돌아왔습니다. 그동안 보내 주신 따뜻한 응원과 격려에 진심으로 감사드립니다. 매번 새로운 책을 준비할 때마다 아이들에게 조금이라도 더 도움이 되어야 한다는 사명감으로 고민하고 또 고민합니다.

최근 교육 정책의 변화를 보면 입시에서 절대 평가와 내신의 비중이 커지고, 특히 논술형 평가를 통한 변별력이 강화되고 있습니다. 이제는 단순히 지식을 아는 것을 넘어 생각한 것을 논리적으로 표현하는 능력이 그 어느 때보다 중요해졌습니다. 그래서 이번 책에서는 신문 읽기에서 한 걸음 더 나아가 '논리적으로 생각하고 쓰는 힘'을 키우는 데 집중했습니다.

논리력과 글쓰기 실력을 기르는 가장 확실한 방법은 '글을 많이 써 보는 것'입니다. 특히 생각의 흐름대로 쓰는 것이 아니라 생각을 체계적으로 쓰는 연습이 필요하지요. 하지만 대부분의 아이들은 글쓰기를 너무 어려워하고, 어디서부터 시작해야 할지 몰라 고민하곤 합니다. 그래서 이번 책에서는 **'3단 논술 가이드'**를 제시했습니다. 신문을 읽은 후 관련된 주제에 대해 짧은 글을 3단으로 작성하면, 자연스럽게 '서론-본론-결론'의 개요가 됩니다.

이처럼 가이드를 따라 한 문장씩 완성하다 보면 글의 전체 구조를 익힐 수 있고, 꾸준한 연습을 통해 나중에는 가이드 없이도 스스로 '서론-본론-결론'을 갖춘 논리적인 글을 쓸 수 있게 될 것입니다. 마치 자전거를 배울 때 보조 바퀴를 달고 연습하다가 나중에는 보조 바퀴 없이도 균형을 잡고 달릴 수 있게 되는 것처럼, 이 3단 가이드가 아이들에게 든든한 보조 바퀴 역할을 해줄 것입니다.

저는 20년 가까이 신문 교육을 해왔고, 여전히 배경지식, 어휘, 논리력을 기르는 데에는 '신문'만한 매체가 없다고 자부합니다. 인공 지능 시대에도 신문의 가치는 여전합니다. 오히려 정보가 넘쳐나는 시대일수록 신뢰할 수 있는 정보를 선별하고, 비판적으로 읽어내는 능력이 더욱 중요해졌습니다. 신문을 읽으며 사실과 의견을 구분하고, 다양한 관점을 이해하며, 나만의 생각을 정리하는 훈련은 미래 사회를 살아갈 아이들에게 꼭 필요한 능력입니다.

이 책을 통해 또 한번 아이들이 신문 읽기의 즐거움을 느끼고, 스스로 글을 쓰는 자신감을 선물할 수 있기를 바랍니다. 8주간의 여정을 통해 세상을 보는 눈이 더 깊어지고, 생각을 당당하게 표현하는 멋진 논술왕으로 성장하기를 응원하겠습니다!

2025년 겨울,
자몽쌤 최선민

1장.

기초 다지기

1주

신문 기사의 '뼈대' 찾아봅시다!
핵심 정보 정리하기

1주 차에는 육하원칙을 생각하며 기사를 읽어 볼 거예요.
우리 주변의 일상을 담은 기사로
신문 읽기에 푹 빠져 재미를 느껴보아요.

2주

'숫자'의 의미를 읽어 봅시다!
통계 자료를 해석하며 내용 파악하기

2주 차에는 기사 속 숫자를 살펴볼 거예요.
수학 시간 외에도 숫자는 우리 주변에서 많이 발견할 수 있답니다.
신문 속 숫자에 어떤 의미가 숨어있는지 살펴보아요.

한국 육상 첫 세계 대회 금메달!

우리나라 육상은 오랫동안 '**불모지**'로 여겨졌어요. 육상에서 우리나라 선수들은 체격 조건이 불리하다는 평가를 받아 왔고, 세계 대회에서 금메달을 딴 적이 없었답니다. 그동안 가장 좋은 성적은 2019년 남자 400m 계주 동메달이었어요.

하지만 이번에 한국 육상 역사에 새로운 **이정표**가 세워졌어요. 서민준, 나마디 조엘진, 이재성, 김정윤으로 구성된 한국 육상 남자 계주 400m 대표 팀이 독일에서 열린 '2025년 하계 세계 대학 경기 대회'에서 사상 처음으로 금메달을 차지했기 때문이지요. 우리나라 계주 팀은 38초50을 기록하며 남아프리카 공화국(38초80)과 인도(38초89)를 큰 **격차**로 따돌리고 1위를 차지했어요.

우리나라에 첫 육상 금메달을 안겨 준 네 명의 선수들은 각자 뛰어난 실력을 갖추고 있어요. 첫 번째 주자 서민준 선수는 6학년 때 전국 소년 체육 대회에서 신기록을 세운 유망주예요. 팀의 맏형 이재성 선수는 이번 대회에서 200m 개인 종목 동메달까지 따내며 2개의 메달을 목에 걸었답니다. 나이지리아인 아버지와 한국인 어머니 사이에서 태어난 나마디 선수는 초등학교 5학년 때 육상을 시작했어요. 마지막 주자 김정윤 선수 역시 초등학생 때부터 단거리 육상에서 실력을 인정받아 온 선수예요. 네 선수 모두 한국을 대표한다는 **자부심**으로 최선을 다했지요.

- **불모지**: 농작물이 자라지 않는 땅 또는 어떤 분야가 발달하지 못한 곳
- **이정표**: 길을 안내하는 표지판 또는 중요한 사건의 기준
- **격차**: 서로 차이가 나는 정도
- **자부심**: 자기 자신이나 자신이 속한 것에 대해 뿌듯하고 자랑스러운 마음

배경지식 더하기

계주는 여러 명의 선수가 배턴을 이어가며 달리는 경기예요. 400m 계주는 4명의 선수가 각각 100m씩 달리는 종목이랍니다. 배턴을 주고받는 구간이 정해져 있는데, 이 구간에서 배턴을 정확하고 빠르게 전달하는 것이 좋은 기록을 내는 비결이에요. 팀워크가 무엇보다 중요한 종목이지요.

단어 깊이 알아보기 (참고: 기사 속 굵은 글씨를 살펴보세요.)

다음 빈칸에 알맞은 단어를 써 보세요.

1. 과거 우리나라는 정보 기술의 _____ 였지만, 지금은 세계 최고 수준이에요.
2. 이번 발명은 과학 발전의 중요한 _____ 가 될 거예요.
3. 부자와 가난한 사람의 _____ 가 점점 커지고 있어요.
4. 우리 학교 학생들은 학교에 대한 _____ 이 강해요.

논술 개요 잡기

1. 한국 육상이 이번에 거둔 성과가 특별한 이유는 무엇인가요?

----

2. 내가 가장 좋아하는 운동에 대해 써 보세요.

- 내가 가장 좋아하는 운동과 그 운동을 좋아하는 이유

- 그 운동을 언제, 어디서, 누구와 하는지

- 그 운동을 더 잘하기 위해 어떻게 하면 될지

논술 개요 잡기 정답: 1. 한국이 세계 대회 계주 종목에서 처음으로 메달을 차지했기 때문이에요.
단어 깊이 알아보기 정답: 1. 불모지 2. 이정표 3. 격차 4. 자긍심

AI가 수학 올림피아드에 나갔어요

전 세계의 똑똑한 10대 학생들이 모여 몹시 어려운 수학 문제를 푸는 시합인 '국제 **수학 올림피아드**(IMO)'라는 대회가 있어요. 그런데 얼마 전 이 대회에서 구글에서 만든 인공 지능(AI) '제미나이'가 금메달을 받을 수 있는 성적을 내어 사람들을 놀라게 했어요.

제미나이는 사람과 똑같이 4시간 30분 동안 문제를 풀고 자연스러운 글로 답안을 작성했어요. 그 결과 6개 문제 중 5개를 맞혀 35점을 획득했지요. 또한 오픈AI의 '챗GPT'도 세계 최고 수준의 프로그래밍 대회인 '국제 정보 올림피아드(IOI)'에서 금메달을 받았어요. 챗GPT는 2024년에 정답률 49%로 동메달 수준이었는데, 2025년에는 무려 98%의 정답률로 금메달을 받았답니다.

챗GPT는 우리나라 수능 국어 영역에서도 만점을 받기도 했어요. 불과 2년 전인 2023년에는 8등급을 받았는데 말이지요. AI의 능력이 하루가 다르게 발전하고 있어요. 이전의 AI는 바둑이나 체스처럼 한 가지만 잘하는 **특화**된 AI였지만, 최근 개발되는 AI는 다양한 분야의 문제를 모두 잘 해결할 수 있답니다. 단순히 계산만 빠른 게 아니라 인간처럼 논리적으로 **추론**하고 창의적인 방법으로 답을 찾아내지요. 많은 사람들은 급속한 AI 기술의 발전이 우리 사회에 어떤 영향을 미칠지 기대감과 **우려**를 동시에 나타내고 있어요.

- **수학 올림피아드**: 학생들의 학업 능력을 겨루는 학술 대회
- **특화**: 특정한 분야를 전문적으로 발전시키는 것
- **추론**: 알고 있는 사실을 바탕으로 미루어 생각하는 것
- **우려**: 걱정하거나 염려하는 것

배경지식 더하기

빅 테크 기업들은 인간 수준의 지적 능력을 갖춘 '일반 인공 지능(AGI)'을 개발하고 있어요. AGI는 한 가지가 아니라 모든 분야에서 인간처럼 생각하고 판단할 수 있는 인공 지능(AI)을 말해요. 전문가들은 AGI가 10년 안에 실현될 수 있다고 예측한답니다.

단어 깊이 알아보기

다음 빈칸에 알맞은 단어를 써 보세요.

1. 우리나라 학생들이 과학 _____ 에서 좋은 성적을 거뒀어요.
2. 이 학교는 음악 교육에 _____ 되어 있어요.
3. 형사는 범인의 발자국을 보고 키를 _____ 했어요.
4. 부모님은 제가 늦게 들어올까 봐, _____ 하고 계세요.

논술 개요 잡기

1. 최근 개발되는 AI가 이전의 AI와 다른 점은 무엇인가요?

----

2. AI 발전에 대한 나의 생각을 써 보세요.

- AI 발전으로 기대되는 점

- AI 발전으로 우려되는 점

- 장점과 단점 중 무엇이 더 클지

논술 개요 잡기 정답 1. 한 가지로만 똑똑한 것이 아니라 다양한 분야에서 인간처럼 생각하고 판단할 수 있다.

단어 깊이 알아보기 정답 1. 올림피아드 2. 특화 3. 추론 4. 우려

지역 경제 살리는 싸이 콘서트

〈강남스타일〉로 전 세계를 춤추게 만든 가수 '싸이'가 이번에는 강원도 속초를 춤추게 만들었어요. 가수 싸이는 2011년부터 여름철 관객들과 함께 물을 뿌리며 신나게 노는 콘서트 '흠뻑쇼'를 열고 있어요.

'흠뻑쇼'는 대한민국의 여름을 대표하는 인기 공연 중 하나로 평가받고 있답니다. 싸이는 전국 각지를 돌아다니며 흠뻑쇼를 여는데, 속초시는 흠뻑쇼가 열린 토요일 하루 동안 75억 원 이상의 소비가 발생했다고 발표했어요. 이는 평소 토요일에 속초에서 쓰이는 60억 원보다 25%나 더 많은 금액이에요. 싸이 공연이 불러온 경제 효과가 15억 원 이상으로 추정되는 것이지요. 이번 발표에는 미리 결제한 **숙박료**나 다음 날까지 머물며 쓴 돈이 포함되지 않아 실제 경제 효과는 더욱 클 것으로 보여요.

이날 공연을 보러 온 관람객 중 약 88%가 **수도권**에서 온 **외지인**들이었어요. 특히 관람객 중 22.3%는 공연 후에도 24시간 이상 속초에 머물며 관광을 즐겼어요. 멀리서 공연을 보러 온 사람들이 속초에서 하룻밤 자고, 맛있는 음식을 먹고, 근처 관광지를 방문하고, 기념품을 사면서 돈을 많이 썼던 거예요. 속초시는 이번 성과를 바탕으로, 앞으로도 대형 콘서트나 축제 **유치**에 더욱 힘쓸 계획이랍니다. 이처럼 연예인들의 영향력은 음악뿐만 아니라 우리나라 경제 전체에 큰 역할을 하고 있어요.

- **숙박료**: 호텔이나 펜션 등에서 잠을 자며 머무르는 데 드는 비용
- **수도권**: 서울과 그 주변 지역(경기도, 인천)을 통틀어 부르는 말
- **외지인**: 그 지역이 아닌 다른 곳에서 온 사람
- **유치**: 어떤 행사나 사업을 끌어들이거나 얻어 내는 것

배경지식 더하기

연예인이나 스포츠 스타가 경제에 미치는 영향을 '스타 마케팅 효과'라고 해요. 유명 연예인이 방문한 지역의 관광객이 늘고 소비가 증가하지요. 실제로 드라마나 영화 촬영지는 인기 관광 명소가 되기도 해요. 이런 효과 덕분에 지역 축제들은 유명 연예인을 초청하려고 노력한답니다.

단어 깊이 알아보기

다음 보기 단어 중 반대되는 뜻의 단어를 찾아 써 보세요.

> 보기 현지인 / 지방 / 무료 숙박

외지인 ↔ _____

숙박료 ↔ _____

수도권 ↔ _____

논술 개요 잡기

1. 전국 각 지역의 축제에서 유명한 연예인을 초청하려는 이유는 무엇인가요?

_____

2. 내가 좋아하는 가수와 굿즈에 대해 써 보세요.

- 내가 좋아하는 연예인

_____

- 그 연예인을 좋아하는 이유

_____

- 좋아하는 연예인의 굿즈 중 사본 것이나 사고 싶은 것

_____

음악 차트 점령한 인기 밴드 그룹, 알고 보니 AI

최근 유럽에서 '더 벨벳 선다운'이라는 신예 밴드가 큰 인기를 얻고 있어요. 이 밴드는 '스포티파이'라는 음악 **플랫폼**에서 100만 명의 청취자를 모으며 화제가 되었답니다. 더 벨벳 선다운은 보컬 게이브 패로, 기타리스트 레니 웨스트, 베이시스트 마일로 레인스, 드러머 오리온 리오 델 마로로 구성된 4인조 **인디** 록 밴드로 알려졌어요.

데뷔곡 〈플로팅 온 에코〉는 1960년대 **포크 록** 스타일로, 유럽 음악 차트에서 상위권에 올랐어요. 영국, 스웨덴, 노르웨이에서는 1위를 차지하기도 했답니다. 하지만 사람들은 이상한 점을 발견했어요. 밴드 멤버들이 인터뷰를 한 적도 없고 게다가 무대에서 **라이브** 공연을 한 기록도 찾을 수가 없었거든요. 또, 인터넷에 올라온 멤버들의 얼굴 사진도 너무 매끈하고 어딘가 부자연스러웠어요.

논란이 커지자 결국 자신들이 인공 지능(AI)으로 만들어진 프로젝트라고 인정했어요. 밴드 멤버들의 모습부터 음악, 심지어 그들의 이야기까지 모두 컴퓨터가 만들어낸 것이었지요. AI의 작품이라는 것을 밝힌 후에도 밴드의 인기는 여전했어요. 이후에도 많은 사람들이 '더 벨벳 선다운'의 음악을 즐기고 있지요. 하지만 전문가들은 AI가 만든 음악이 더 늘어난다면 다른 음악가들이 피해를 볼 수 있다고 걱정하고 있어요.

- **플랫폼:** 여러 사람이 이용할 수 있는 온라인 서비스 공간
- **인디:** 대형 기획사에 소속되지 않은 독립적인 음악가나 밴드
- **포크 록:** 민요와 록 음악이 결합된 장르
- **라이브:** 녹음하지 않고 실제로 연주하거나 노래하는 것

배경지식 더하기

인공 지능(AI)으로 인해 음악가들의 수입이 줄어들고 저작권이 침해될 수 있다는 우려가 제기되고 있어요. 그래서 AI에게 음악을 가르치려면 기존 가수들의 음악을 학습시켜야 하는데, 자신들의 음악을 AI에게 학습시키는 것을 많은 음악가들이 반대하고 있어요.

단어 깊이 알아보기

다음 빈칸에 알맞은 단어를 써 보세요.

1. 유튜브나 넷플릭스 같은 온라인 ＿＿＿＿＿＿ 에서 영상을 볼 수 있어.
2. 나는 대형 기획사의 아이돌 음악보다 ＿＿＿＿＿＿ 음악이 더 좋아.
3. 가수가 내 눈앞에서 ＿＿＿＿＿＿ 공연을 하니까 엄청 감동적이었어.

논술 개요 잡기

1. 사람들이 '더 벨벳 선다운'을 의심하게 된 이유 세 가지를 찾아 써 보세요.

----

2. AI가 만든 음악에 대한 나의 생각을 써 보세요.

- AI 음악을 예술로 인정하는지 (찬성 / 반대)

- 그렇게 생각하는 이유

- 내가 생각하는 AI 음악의 바람직한 발전 방향성

개인 정보가 줄줄줄, SKT 유심 해킹 사건

SK텔레콤에서 우리나라 역사상 가장 큰 개인 정보 유출 사고가 일어났어요. 해커들이 SK텔레콤의 컴퓨터 시스템에 몰래 들어가서 2,300만 명 고객들의 유심 정보를 훔쳐 간 거예요. 유심은 스마트폰 안에 들어가는 작은 칩으로, 우리가 전화를 걸고 받을 수 있게 해 주는 중요한 부품이에요. 이번 사건으로 휴대 전화 번호, 가입자 식별 번호, 유심 인증 키 등 25종류의 정보가 **유출**되었어요.

해커들은 2021년부터 무려 4년간 SK텔레콤의 내부 시스템에 숨은 상태로 악성 코드를 설치했고, 2025년 4월에 고객 인증을 담당하는 서버에서 엄청난 양의 정보를 빼내어 갔어요. 문제는 SK텔레콤이 기본적인 **보안** 조치를 제대로 하지 않았다는 점이었어요. 중요한 유심 인증 키를 암호화하지 않고 그대로 저장해 뒀거든요. 정부는 이런 보안 부실이 해커들이 쉽게 정보를 훔칠 수 있게 만든 원인이라고 판단했고, SKT에 1,349억 원이라는 역대 최대 규모의 **과징금**을 부과했답니다.

SK텔레콤은 이번 사고에 대해 사과하며 대대적인 보상 방안을 내놓았어요. 고객들에게 유심을 무료로 교체해 주고, **위약금**을 면제해 주며, 7,000억 원을 들여 보안 시스템을 완전히 새로 만들겠다고 약속했어요. 이번 사건으로 통신 회사들의 보안 관리 체계를 재점검한다는 목소리가 높아지고 있답니다.

- **유출**: 비밀이나 중요한 정보가 밖으로 새어 나가는 것
- **보안**: 중요한 정보나 시설을 안전하게 지키는 것
- **과징금**: 법이나 규칙을 어긴 것에 대해 내는 벌금
- **위약금**: 약속이나 계약을 지키지 못했을 때 내는 돈

배경지식 더하기

해커는 다른 사람의 컴퓨터나 시스템에 허락 없이 침입하는 사람을 말해요. 해커들은 뛰어난 컴퓨터 기술을 나쁜 일에 사용해서 개인 정보를 훔치거나 돈을 빼앗아요. 이번 SK텔레콤 사건처럼 회사의 시스템에 몰래 들어가 고객 정보를 훔치는 것도 해킹이랍니다. 해킹은 범죄이기 때문에 잡히면 처벌을 받아요.

단어 깊이 알아보기

다음 빈칸에 알맞은 단어를 써 보세요.

1. 인터넷에 내 개인 정보가 _____ 되지 않게 주의해야 해.
2. 은행은 고객의 돈을 보호하기 위해 _____ 시스템을 강화했어.
3. 불법적으로 이익을 얻은 회사에는 수억 원의 _____ 이 부과됐어.
4. 계약을 취소하려면 _____ 을 내야 해.

논술 개요 잡기

1. SK텔레콤이 개인 정보 유출 사고를 당한 이유는 무엇인가요?

----

2. 내가 쓰는 비밀번호에 대한 나의 생각을 써 보세요.

- 나만의 비밀번호를 만드는 방법

- 비밀번호를 다른 사람에게 알려 주면 안 되는 이유

- 비밀번호를 안전하게 관리하는 방법

단어 깊이 알아보기 정답: 1. 유출 2. 보안 3. 과징금 4. 위약금
논술 개요 잡기 정답: 1. 기본적인 해킹 조치를 제대로 하지 않았기 때문에

누구나 금손으로 만들어 주는 '캔바'

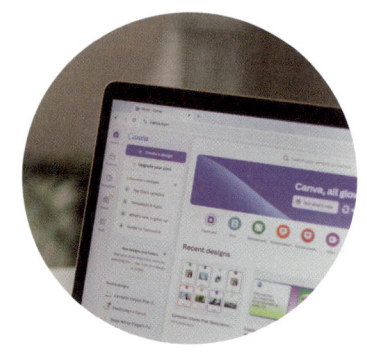

예쁜 디자인으로 만들어진 자료들은 사람들의 눈을 사로잡아요. 원래 이런 멋진 디자인은 디자이너들만 만들 수 있는 것이었어요. 하지만 이제는 '캔바'를 이용하면 누구나 쉽게 디자인할 수 있답니다. 캔바는 간편한 **그래픽 디자인** 툴을 제공해서 PPT나 인쇄물, SNS 자료 등을 손쉽게 만들 수 있도록 도와줘요.

캔바를 창업한 사람은 1987년에 호주에서 태어난 멜라니 퍼킨스예요. 그녀는 대학교 신입생이었을 때 디자인을 가르쳐 주는 아르바이트를 하게 되었어요. 그때 많은 사람들이 디자인을 어려워 하는 모습에서 **창업** 아이디어를 얻었답니다. 기존 디자인 프로그램들은 사용하기가 너무 어려웠거든요. 비전문가는 반년을 공부해도 예쁜 디자인을 만들기가 어려웠어요. 이 문제를 해결하고 싶었던 퍼킨스는 대학을 중퇴하고, 기술 지식이 없어도 쉽게 사용할 수 있는 디자인 플랫폼을 개발하기로 결심했어요.

멜라니 퍼킨스는 졸업 앨범을 만드는 '퓨전북스'를 거쳐 2012년에 캔바를 창업했어요. 캔바를 사용하면 전문가의 도움 없이 명함부터 발표 자료, 전단지, 이력서, SNS 포스팅, 로고까지 일상의 다양한 곳에 활용되는 디자인을 손쉽게 만들 수 있어요. 작은 **스타트업**이었던 캔바는 이제 약 200개 나라에서 2억 명 이상이 사용하는 매우 큰 회사가 되었답니다.

- **그래픽 디자인:** 여러 가지 기술을 사용하여 만든 디자인
- **창업:** 새로운 사업을 시작하는 것
- **스타트업:** 새로운 기술이나 아이디어로 시작하는 신생 기업

배경지식 더하기

유니콘 기업은 기업 가치가 10억 달러(약 1조 3천억 원) 이상인 스타트업을 말해요. 데카콘 기업은 기업 가치가 100억 달러(약 13조 원) 이상인 회사예요. 캔바는 데카콘 기업으로 성장해 전 세계에서 가장 성공한 디자인 플랫폼이 되었답니다. 우리나라에도 배달의민족, 토스 같은 유니콘 기업들이 있어요.

단어 깊이 알아보기

다음 빈칸에 알맞은 단어를 써 보세요.

1. SNS, 인쇄 자료, PPT 등에 쓰이는 기술을 _____ 라고 해요.
2. 아버지가 새로운 사업을 시작하기 위해 _____ 을 준비하고 있어요.
3. 새로운 아이디어로 시작한 신생 기업을 _____ 라고 해요.

논술 개요 잡기

1. 캔바가 성공할 수 있었던 이유를 써 보세요.

----

2. 캔바는 무료로 사용이 가능합니다. 캔바를 사용하고 느낀 점을 써 보세요.

- 어떤 작품을 만들었는지 (포스터, PPT, 카드 등)

- 가장 편리하고 좋았던 기능

- 작품을 만들어 본 소감

노쇼로 울상 된 가게, 무료 나눔으로 화제

경기도의 한 봉구스 밥버거 가게에서 '노쇼' 사건이 일어났어요. 단체로 주문받은 밥버거 100개를 정성껏 만들어 놓고 기다렸는데, 주문한 사람들이 나타나지 않은 거예요. 가게 주인은 모든 음식을 버리지 않고 근처 주민들에게 무료로 나눠 주기로 결정했답니다.

사장님이 중고 거래 앱에 "밥버거 나눔합니다"라는 글을 올리자, 동네 사람들이 달려와서 금세 모든 음식이 동났어요. 무료 나눔을 하게 된 사정을 들은 사람들은 "사장님이 얼마나 힘드셨을까?" 안타까워하면서 노쇼 행위를 강하게 비판했어요. 문제는 노쇼를 당해도 법적으로 처벌하기가 어렵다는 점이에요. 일부러 다량의 음식을 주문한 후 취소하거나, 유명인의 이름을 빌려서 속이는 경우가 많아지고 있지만, 특별한 법 조항이 없어서 처벌하기 힘들어요. 노쇼를 한 사람이 돈을 직접 가져간 것이 아니라서 **사기죄**로 처벌하기도 어렵지요.

법원에서 내리는 판결도 너무 가볍다는 지적이 많아요. 전문가들은 "**형량**이 너무 가벼워서 범죄자들이 무서워하지 않는다"라고 우려하고 있어요. **선금**을 받는 것이 가장 좋은 예방법이지만 선금을 요구하면 주문 자체를 하지 않는 경우가 있어 음식점 사장님들이 어려움을 겪고 있어요. 노쇼로 인한 피해를 줄이기 위해 이런 행위에 대한 강력한 **제재**가 꼭 필요해 보여요.

- **사기죄**: 남을 속여서 재물이나 이익을 빼앗는 범죄
- **형량**: 범죄를 저지른 사람이 받는 형벌의 정도
- **선금**: 일을 시작하기 전에 미리 주는 돈
- **제재**: 잘못한 것에 대해 벌을 주거나 제한하는 것

배경지식 더하기

노쇼는 식당이나 병원 등에 예약을 해 놓고 약속 시간에 나타나지 않는 행위를 말해요. 영어로는 'No Show', 즉 '나타나지 않는다'라는 뜻이에요. 최근에는 배달 음식을 주문하고 받지 않거나, 중고 거래를 약속하고 만나러 오지 않는 경우도 노쇼라고 불러요. 노쇼가 일어나면 가게는 음식값과 재료비를 고스란히 손해 보게 된답니다.

단어 깊이 알아보기

다음 신문 기사 제목을 보고 빈칸에 알맞은 단어를 써 보세요.

1. "가짜 명품 판매로 ＿＿＿＿＿ 혐의 기소"
2. "흉악범 ＿＿＿＿＿ 상향 법안 통과"
3. "건설업계 ＿＿＿＿＿ 미지급 논란 확산"
4. "환경 파괴 기업에 강력한 ＿＿＿＿＿ 부과"

논술 개요 잡기

1. 노쇼 행위를 법적으로 처벌하기 어려운 이유는 무엇인가요?

----

2. 노쇼에 대한 나의 생각을 써 보세요.

- 노쇼가 나쁜 이유

- 노쇼를 막는 방법

- 노쇼를 한 사람을 어떻게 처벌해야 할지

전 국민에게 드려요, 민생 회복 소비 쿠폰

정부가 경제 활성화를 위해 전 국민에게 민생 회복 소비 쿠폰을 지급했어요. 이번 정책은 코로나19 이후 경기 침체로 어려움을 겪는 **서민**들의 생활비 부담을 덜어 주고, **소상공인**과 **영세 자영업자**의 **매출**을 늘리기 위한 조치랍니다.

지급 대상은 나이에 관계없이 모든 국민으로 어린이들도 받을 수 있어요. 국민 1인당 최소 15만 원에서 최대 55만 원까지 가구 소득에 따라 맞춤형 지원이 이루어져요. 소득이 낮은 가정일수록 더 많은 금액을 받을 수 있었어요. 지급은 두 차례에 걸쳐 이루어졌어요. 1차는 1인당 15만 원에서 40만 원을 지급했고, 2차에서는 소득 상위 10%를 제외한 90%에게 1인당 10만 원이 추가 지급되었어요. 신청자는 지역 사랑 상품권이나 신용 카드, 체크 카드, 선불 카드 중에서 원하는 방식을 골라 받을 수 있었어요.

이 쿠폰은 어디서나 사용할 수 있는 것은 아니에요. 지역 사랑 상품권은 가맹점에서만, 카드는 연 매출 30억 원 이하 매장에서만 쓸 수 있어요. 동네 식료품점, 대중음식점, 편의점, 미용실, 약국, 세탁소, 문구점 등이 대표적인 사용처예요. 대형 마트나 백화점, 온라인 쇼핑몰에서는 사용할 수 없답니다. 정부는 이 정책을 통해 침체된 내수 경제를 살리고 소비를 활성화하려고 해요. 소비가 늘어나면 일자리 **창출**에도 도움이 되리라고 기대한답니다.

- **서민**: 경제적으로 넉넉하지 않은 보통 사람들
- **소상공인**: 작은 규모로 장사를 하는 사람
- **영세 자영업자**: 규모가 매우 작은 개인 사업을 하는 사람
- **매출**: 물건을 팔아서 얻은 돈의 총액
- **창출**: 전에 없던 것을 새로 만들어 내는 것

배경지식 더하기

지역 사랑 상품권은 특정 지역에서만 사용할 수 있는 상품권이에요. 주민들이 자기 지역 내 가게에서만 쓸 수 있도록 만들어졌지요. 지역 안에서 소비가 이루어져 지역 경제 활성화에 도움이 돼요. 사용자 입장에서는 다른 카드를 이용할 때보다 더 큰 할인 혜택을 받을 수 있어요.

단어 깊이 알아보기

빈칸에 알맞은 단어를 써 보세요.

1. 코로나 때문에 힘들어하는 _____ 들을 도와주는 정책이 나왔어요.
2. 아이스크림 가게의 _____ 이 늘어나서 사장님이 기뻐하셨어요.
3. 우리 아빠는 작은 치킨집을 운영하는 _____ 이에요.
4. 새로운 일자리를 _____ 하기 위해 정부가 노력하고 있어요.

논술 개요 잡기

1. 민생 회복 소비 쿠폰을 대형 마트가 아닌 작은 가게에서만 사용할 수 있게 한 이유는 무엇인가요?

_____

2. 우리 동네 가게들을 더 많이 이용하기 위한 방법을 생각해 보고 써 보세요.

- 내가 자주 가는 동네 가게 설명하기

_____

- 대형 마트에서 사던 물건 중 동네 가게에서도 살 수 있는 것들

_____

- 대형 마트보다 동네 시장이나 가게에서 물건을 사면 좋은 점

_____

선진국들의 모임 G7, 한국도 들어갈 수 있을까?

출처: 백악관

　세계에서 가장 강한 나라들이 모여 중요한 일들을 의논하는 모임이 있어요. 바로 G7이에요. G7은 미국, 일본, 독일, 영국, 프랑스, 이탈리아, 캐나다 이렇게 7개 나라가 모인 모임이랍니다. 이 나라들은 경제 규모가 크고 민주주의가 발달한 **선진국**들이에요.

　G7 나라들의 **경제 규모**를 모두 합치면 세계 경제의 절반 이상을 차지할 정도로 큰 영향력을 가지고 있어요. 그래서 G7 정상 회의에서는 세계 경제, 환경 문제, 국제 안보 등 지구촌의 중요한 문제들을 함께 논의하고 해결 방안을 찾아요. 매년 회원국들이 돌아가면서 개최하는 이 모임에 우리나라도 **초청국**으로 참여한 적이 있답니다. 최근 G7을 G9으로 확대하자는 이야기가 나오면서 우리나라가 후보로 거론되기도 했어요.

　우리나라는 인구가 적다 보니 경제 규모로는 여러 G7 회원국 수준에 못 미치지만, 1인당 국민 소득에서는 일본 수준에 이르렀고, 민주주의도 잘 발달해 있어요. 또한 우리나라는 반도체, 자동차, 조선 등 다양한 분야에서 높은 기술력을 보유하고 있어요. 따라서 경제적으로나 정치적으로 충분한 자격을 갖추었다고 볼 수 있지요. 만약 우리나라가 G7 회원국이 된다면 세계 경제를 이끌어 가는 주요 나라들과 함께 중요한 결정을 내릴 수 있게 되고, 국제 사회에서 우리나라의 **위상**도 더욱 높아질 거예요.

- **선진국**: 경제가 발달하고 국민의 생활 수준이 높은 나라
- **경제 규모**: 한 나라가 얼마나 많은 돈을 벌고 물건을 만드는지를 확인하는 측도
- **초청국**: 정식 회원은 아니지만 특별히 초대를 받아 참석하는 나라
- **위상**: 어떤 사람이나 나라가 가지는 지위나 영향력

배경지식 더하기

2020년 5월에는 보리스 존슨 영국 총리가 호주, 인도, 한국을 추가해서 D10을 창설하자고 제안하기도 했어요. D는 Democracy(민주주의)의 첫 글자로, 민주주의 국가 10개가 모여서 모임을 만들자는 뜻이었어요. 이는 중국을 견제하기 위한 목적도 있었답니다. 하지만 아직 D10이 실제로 만들어지지는 않았어요.

단어 깊이 알아보기

다음 단어와 뜻을 알맞게 연결해 보세요.

1. 선진국 • • ① 특별히 초대를 받아 참석하는 나라
2. 경제 규모 • • ② 나라가 가지는 지위나 영향력
3. 초청국 • • ③ 한 나라가 돈을 얼마나 버는지 확인하는 측도
4. 위상 • • ④ 경제가 발달하고 생활 수준이 높은 나라

논술 개요 잡기

1. 한국이 G7에 가입하게 되면 어떤 좋은 점이 있을까요?

------

2. 우리나라가 세계적으로 자랑할 만한 기술이나 산업을 하나 선택해서 글을 써 보세요.

- 선택한 기술이나 산업의 이름과 특징

- 그 기술이나 산업이 우리 생활에 도움이 되는 점

- 앞으로 더 발전시키기 위한 방법

다누리, 2년 더 달을 탐험해요

출처: 과학기술정보통신부

　우리나라 최초의 달 탐사선 '다누리'의 임무 기간이 2년 더 연장되어 2027년까지 탐사해요. 다누리는 원래 계획된 1년간의 임무를 성공적으로 마치고, 2025년 12월까지 한 번 연장한 적이 있는데, 이번에 또 연장된 거예요.

　다누리는 우리 기술로 만든 첫 달 탐사선으로 2022년 8월 미국에서 발사되어 달 **궤도**에 성공적으로 진입했어요. 이를 통해 우리나라는 세계에서 7번째로 달 궤도에 탐사선을 보낸 나라가 되었답니다. 다누리라는 이름은 '달'을 뜻하는 순우리말 '달'과 '누리다'를 합친 말로, "달을 즐기고 누린다"라는 의미를 담고 있어요. 다누리 덕분에 우리나라는 미국, 일본, 중국에 이어 세계에서 네 번째로 달 전면 지도를 완성했어요. 또한 달에 어떤 자원이 있는지 알 수 있는 **희소 자원** 지도와 물 **추정** 지도까지 만들었답니다. 이런 지도들은 앞으로 달을 탐사할 때 매우 중요한 자료가 될 거예요.

　다누리는 처음에 하루 12번씩 달 상공 100km를 돌며 달을 연구했어요. 그러다 2025년 2월부터는 60km 높이로 낮춰 더 가까이서 관측했고, 9월부터는 달 동결 궤도에 들어갔어요. 그래서 2027년까지 2년을 더 활동할 수 있게 된 거랍니다. 다누리는 2027년 말까지 임무를 수행한 후 2028년 3월 달 **표면**에 충돌하며 임무를 마칠 예정이에요.

- **궤도**: 천체나 인공위성이 일정하게 도는 길
- **희소 자원**: 양이 적어서 구하기 어려운 자원
- **추정**: 미루어 짐작하여 판단하는 것
- **표면**: 물체의 겉면이나 바깥쪽

배경지식 더하기

'동결 궤도'란 달과 지구의 중력이 균형을 이뤄 연료를 거의 쓰지 않고도 궤도를 유지할 수 있는 **특별한 길을 말해요**. 보통 탐사선은 궤도를 유지하기 위해 계속 연료를 써야 하는데, 동결 궤도에서는 중력의 힘이 알맞게 작용해서 연료를 거의 쓰지 않아도 돼요. 이 궤도를 이용하면 연료를 아낄 수 있어서 탐사 기간을 늘릴 수 있답니다.

 ### 단어 깊이 알아보기

다음 단어와 뜻을 알맞게 연결해 보세요.

1. 궤도 ・   ・ ① 양이 적어서 구하기 어려운 자원
2. 희소 자원 ・   ・ ② 물체의 겉면이나 바깥쪽
3. 추정 ・   ・ ③ 천체나 인공위성이 일정하게 도는 길
4. 표면 ・   ・ ④ 미루어 짐작하여 판단하는 것

 ### 논술 개요 잡기

1. 다누리라는 이름의 뜻은 무엇인가요?

---

2. 달과 관련된 나의 경험을 써 보세요.

- 달과 관련된 나의 경험

- 그때 어떤 생각이나 느낌이 들었는지

- 달에 대해 궁금한 것

 **1주 차 핵심 정보 정리하기**

자신감이 높아지는 단어 퀴즈

1. [보기]를 참고하여 빈칸에 들어갈 단어를 써 보세요.

   보기   불모지 / 격차 / 유출 / 창업 / 외지인 / 궤도 / 자부심 / 이정표

   (1) 한국 육상은 오랫동안 _____ 로 여겨졌지만,
   이번 금메달로 새로운 _____ 를 세웠어요.

   (2) 우리 팀은 2등과 큰 _____ 로 1위를 차지했어요.

   (3) SK텔레콤에서 고객 정보 _____ 사고가 일어났어요.

   (4) 속초 공연을 보러 온 사람 중 88%가 _____ 이었어요.

   (5) 다누리는 달 _____ 에 성공적으로 진입했답니다.

2. 낱말 끝말잇기를 해 보세요.

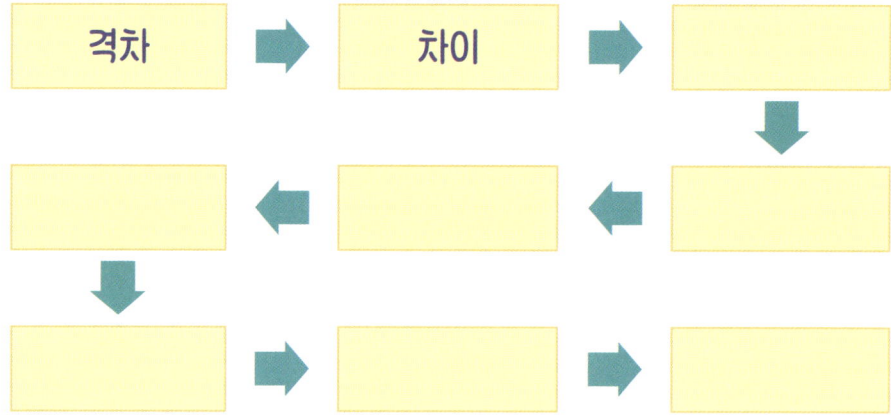

정답 1. (1) 불모지, 이정표 (2) 격차 (3) 유출 (4) 외지인 (5) 궤도

> 호기심이 깊어지는 생각 퀴즈

1. 인공 지능(AI)으로 만든 밴드 '더 벨벳 선다운'처럼, 내가 만들고 싶은 AI 친구를 상상해 봅시다!

   이름:

   특별한 능력:

2. 여러분이 살고 있는 동네에 어떤 연예인이 방문했으면 좋겠는지 써 보세요.
   속초의 싸이 공연 기사를 떠올려보세요! (참고: 18쪽)

   우리 동네 소개:

   우리 동네에 방문했으면
   좋겠는 연예인:

   그 이유:

투자의 신, 워런 버핏 은퇴

세계에서 가장 유명한 투자자 중 한 명인 워런 버핏이 자신이 이끌어 온 '버크셔 해서웨이'의 최고경영자 자리에서 물러난다고 발표했어요. 그가 **은퇴**하는 나이는 무려 95세예요. 일반적으로 60대에 퇴직하는 것을 생각하면 95세까지 회사를 이끌어 온 것만으로도 정말 대단한 일이지요.

버핏이 이렇게 오랫동안 투자 분야에서 활동할 수 있었던 이유는 그의 뛰어난 투자 실력 때문이에요. 11살 때부터 주식 투자를 시작한 그는 대학에서 경영학을 공부하며 투자에 대해 더 깊이 배웠어요. 이후 가치 투자라는 자신만의 투자 방법을 만들어 냈지요. 이는 아직 주목받지 않았지만 앞으로 크게 성장할 수 있는 회사를 미리 찾아 투자하는 방법이에요. 버핏은 코카콜라, 애플 같은 회사에 **장기 투자**해 엄청난 돈을 벌어들였거든요. 이런 성공을 바탕으로 1965년에는 옷감을 만드는 작은 회사였던 버크셔 해서웨이를 사들였어요. 그리고 이 회사를 투자, 보험, 에너지 사업을 하는 거대한 기업으로 키워냈답니다. 그 자신도 세계 10위 안에 드는 엄청난 부자가 되었지요. 하지만 워런 버핏은 늘 **검소**한 생활을 실천해 왔고, 많은 돈을 **자선 단체**에 기부해 왔어요. 그의 뛰어난 투자 실력과 나눔 정신은 많은 사람들의 존경을 받기에 충분했지요. 최근 뉴욕타임스는 "가장 성공한 기업가이자 가장 유명한 투자자의 시대가 끝났다"라고 평가했답니다.

- **은퇴**: 직장 생활을 그만두고 일을 하지 않는 것
- **장기 투자**: 오랜 시간 동안 주식에 돈을 넣어 두고 이익을 기다리는 것
- **검소**: 돈이나 물건을 아껴 쓰고 낭비하지 않는 것
- **자선 단체**: 어려운 사람들을 돕기 위해 만들어진 모임

배경지식 더하기

주식은 회사의 일부를 소유할 수 있는 권리를 말해요. 회사가 잘되면 주식 가격이 올라가서 주식을 가진 사람도 이익을 얻을 수 있어요. 투자는 돈을 불리기 위해 회사나 사업에 돈을 대거나 정성을 들여 시간을 쏟는 것을 말해요. 워런 버핏처럼 좋은 회사를 골라 오래 투자하면 큰 이익을 얻을 수 있답니다.

단어 깊이 알아보기

다음 빈칸에 알맞은 단어를 써 보세요.

1. 아버지는 30년간 회사에 다니시다가 작년에 _____ 하셨어요.
2. 부자가 되려면 _____ 를 해서 꾸준히 돈을 모아야 해요.
3. 어머니는 _____ 한 생활을 하시며 항상 물건을 아껴 쓰세요.
4. 우리 반은 어려운 친구들을 돕는 _____ 에 용돈을 기부했어요.

논술 개요 잡기

1. 워런 버핏의 가치 투자란 무엇인가요?

----

2. 워런 버핏의 삶 중 가장 본받고 싶은 것에 대해 써 보세요.

- 가장 본받고 싶은 것 (투자 실력, 오래 일하기, 검소한 생활, 기부)

- 그것을 선택한 이유

- 그것을 본받기 위해 내가 할 수 있는 노력

미국에 투자하는 한국 기업들

우리나라 기업들이 미국에 **역대급** 투자를 계획하고 있어요. 현대, 삼성, LG 등 우리나라의 대기업들이 미국에 공장을 지으려는 계획을 발표했어요. 우리나라가 이렇게 많은 돈을 투자하는 이유는 트럼프 대통령의 관세 정책 때문이에요. 관세는 다른 나라에서 만든 물건을 사 올 때 내는 세금을 말해요.

트럼프 대통령은 '미국 우선주의' 정책을 내세우며 한국산 제품에 15%의 관세를 매기기로 했거든요. 예를 들어 한국에서 만든 2,000만 원짜리 자동차를 미국에 팔면 관세 300만 원이 붙어서 2,300만 원에 팔아야 해요. 그러면 다른 나라 차보다 비싸져서 팔기 어려워지지요. 반대로 미국에 공장을 지어서 현지에서 바로 생산하면 관세를 내지 않아도 되니까 가격 경쟁력을 가질 수 있답니다.

미국의 국방 정책도 중요한 역할을 하고 있어요. 미국은 '마스가(MASGA) 프로젝트'를 통해 자국의 **조선업**을 부활시키려고 해요. 그래서 HD현대, 한화오션, 삼성중공업 같은 우리나라 배 건조 회사들과 손을 잡고 있답니다. 이런 대규모 투자는 우리 기업들이 세계 시장에서 더 큰 영향력을 갖는 기회가 될 수 있어요. 하지만 동시에 국내 일자리에는 좋지 않은 영향을 줄 수 있어서 걱정이에요. 생산 시설을 미국으로 옮기면 우리나라 내 **투자**와 **고용**이 줄어들 가능성이 크거든요.

- **역대급:** 대대로 이어 온 것 중에서 최고 수준을 말하는 것
- **조선업:** 배를 만드는 산업
- **투자:** 이익을 얻기 위해 돈이나 시간을 쓰는 것
- **고용:** 사람을 직원으로 뽑아서 일을 시키는 것

배경지식 더하기

마스가(MASGA) 프로젝트는 '미국 조선업을 다시 위대하게 만들자(Make American Shipbuilding Great Again)'라는 뜻으로, 미국이 자국의 조선업을 부활시키기 위해 시작한 계획이에요. 세계 최강의 해군력을 유지하려면 많은 군함이 필요하기 때문에 우리나라 같은 조선 강국의 도움이 필요해요. 그래서 한국 조선 회사들을 미국으로 불러들이고 있답니다.

단어 깊이 알아보기

다음 문장에서 '조선'의 뜻이 나머지와 다른 것을 찾아보세요.
① 우리나라 조선업은 세계 최고 수준이에요.
② 조선 시대에는 한글이 만들어졌어요.
③ 거제도에는 큰 조선소가 있어요.
④ 조선 기술이 발달해서 배 수출이 늘었어요.

논술 개요 잡기

1. 우리나라 기업들이 미국에 공장을 짓는 이유는 무엇인가요?

----

2. 우리나라 기업이 해외에 공장을 짓는 것에 대한 나의 생각을 써 보세요.
- 해외에 공장을 지으면 좋은 점

- 해외에 공장을 지으면 나쁜 점

- 내가 사장이라면 해외에 공장을 지을 것인지

AI 전문가, 파격 대우로 모셔 갑니다

　최근 인공 지능(AI) 기술에 대한 수요가 급격히 늘면서 유능한 AI 전문가 영입 경쟁이 치열해지고 있어요. 세계적인 IT 기업들이 뛰어난 AI 과학자 한 명을 데려오기 위해 수백억 원을 쓰는 일이 흔해지고 있지요. 페이스북과 인스타그램을 운영하는 메타는 최근 '챗GPT'를 만든 '오픈AI'에서 일하던 전문가들을 데려왔어요. 메타는 이들을 영입하기 위해 최대 1억 달러(1,400억)라는 천문학적인 연봉을 제안했대요. 마이크로소프트도 AI 인재를 **영입**하기 위해 엄청난 보상을 약속하고 있어요. 연봉 6억 원과 **입사** 보너스 26억 원, 매년 받는 주식 보상 20억 원까지 합쳐 수천억 원 규모를 제시했지요.

　기업들은 높은 연봉과 좋은 **사내 복지**를 앞세우며 인재를 영입하려고 노력 중이에요. 유명한 대학교와 공동 연구를 진행하며 우수한 학생들을 미리 확보하려는 노력도 계속하고 있지요. 이렇게 기업들이 AI 전문가를 서로 데려오려고 하는 이유는 간단해요. 좋은 인재를 놓치면 다른 회사에 뒤처질 수 있기 때문이지요.

　AI 기술 경쟁은 기업을 넘어 국가 차원에서도 큰 관심사가 되었어요. 미국, 중국을 비롯한 각 나라의 정부들은 **자국**의 뛰어난 AI 인재들이 다른 나라로 빠져나가지 못하도록 보호하는 정책을 펴고 있어요.

- **영입:** 다른 곳에서 유능한 사람을 데려오는 것
- **입사:** 회사에 들어가 일하게 되는 것
- **사내 복지:** 직원들이 편리하고 안전하게 일할 수 있도록 제공하는 혜택
- **자국:** 자신의 나라

배경지식 더하기

연봉은 1년 동안 받는 급여를 말해요. 12개월 동안 받는 월급을 합친 금액이지요. 보통 회사에 입사할 때 연봉으로 계약해요. 연봉에는 기본급 외에도 보너스, 수당, 주식 등이 포함되기도 한답니다. AI 전문가들처럼 특별한 기술을 가진 사람들은 일반인보다 훨씬 더 높은 연봉을 받을 수 있어요.

단어 깊이 알아보기

다음 문장에서 '자국'의 뜻이 나머지와 다른 것을 찾아보세요.

① 미국은 자국의 AI 인재를 보호하고 있다.
② 자국민의 안전을 위해 새로운 정책을 만들었다.
③ 자국 선수들이 올림픽에서 좋은 성과를 거두었다.
④ 자국 기업들의 경쟁력을 높이기 위해 노력하고 있다.
⑤ 넘어지면서 무릎에 상처 자국이 남았다.

논술 개요 잡기

1. 세계적인 IT 기업들이 AI 전문가를 영입하기 위해 천문학적인 연봉을 제시하는 이유는 무엇인가요?

----

2. 직업을 선택할 때 가장 중요한 부분에 대해 나의 생각을 써 보세요.

- 직업 선택 시 가장 중요한 것 (연봉, 적성, 안정성 등)

- 그렇게 생각하는 이유

- 내가 일하고 싶은 회사의 조건

논술 개요 잡기 정답 1. 훌륭한 인재를 통해 기업의 경쟁력을 높이고 더 많은 수익을 얻기 때문이에요
단어 깊이 알아보기 정답 ⑤

한국과 대만, 경제 순위 바뀔까?

한국과 대만은 아시아의 이웃 나라로 비슷한 시기에 경제를 빠르게 성장시킨 나라들이에요. 하지만 2025년 대만의 1인당 국내 총생산(GDP)이 한국을 넘어설 것이라는 **전망**이 나왔어요. 올해 한국의 1인당 국내 총생산은 3만 7천 달러, 대만은 3만 8천 달러로 예상돼요. 한국이 대만을 앞서기 시작한 것은 2003년부터였는데, 22년 만에 순위가 뒤바뀔 수 있다는 거예요.

대만이 한국을 **역전**할 수 있게 된 가장 큰 이유는 **반도체** 산업의 성공 때문이에요. 최근 인공 지능 기술(AI)이 빠르게 발전하면서 이를 작동시키는 고성능 반도체에 대한 수요가 폭발적으로 늘어났거든요. 대만은 세계 최고 수준의 반도체 제조 기술을 보유하고 있어서 이런 변화에 매우 빠르게 대응할 수 있었어요. 실제로 대만은 올해 2분기 **경제 성장률** 8%를 넘겼어요. 이는 매우 높은 수준이에요.

반면 한국 경제는 여러 어려움을 겪고 있어요. 올해 한국의 경제 성장률은 1% 정도에 그칠 것으로 예상돼요. 가장 큰 문제는 미국의 관세 정책이에요. 트럼프 대통령이 한국산 제품에 높은 관세를 부과하면서 한국의 미국 수출이 크게 줄어들었거든요. 자동차에는 25%의 관세가, 철강에는 50%의 관세가 매겨졌어요. 하지만 대만의 주요 수출 품목인 반도체는 아직 높은 관세를 받지 않아서 상대적으로 유리한 상황이랍니다.

- **전망:** 앞으로 일어날 일에 대한 예상
- **역전:** 순위나 상황이 뒤바뀌는 것
- **반도체:** 전기가 잘 통하기도 하고 안 통하기도 하는 물질로 만든, 전자 제품의 핵심 부품
- **경제 성장률:** 나라 경제가 얼마나 성장했는지를 나타내는 비율

배경지식 더하기

국내 총생산(GDP)은 한 나라가 1년 동안 생산한 모든 상품과 서비스의 가치를 합친 거예요. 1인당 GDP는 이를 인구수로 나눈 값으로, 그 나라 국민들의 평균적인 경제 수준을 보여 주는 지표지요. 1970년대까지만 해도 우리나라의 1인당 GDP는 세계에서 가장 낮은 편에 속했지만, 현재는 선진국 수준으로 올라섰어요.

단어 깊이 알아보기

다음 빈칸에 알맞은 단어를 써 보세요.
1. 내일 날씨 _____ 은 맑다고 해요.
2. 우리 팀이 후반전에 _____ 시켜서 이겼어요.
3. 스마트폰 부품에는 _____ 가 꼭 들어가요.
4. 올해 우리나라 _____ 은 1%로 예상돼요.

논술 개요 잡기

1. 대만이 1인당 GDP에서 한국을 역전할 수 있게 된 가장 큰 이유는 무엇인가요?

----

2. 관세가 우리나라에 미치는 영향에 대해 써 보세요.

- 미국이 한국 제품에 높은 관세를 부과하면 생기는 문제점

- 관세 때문에 어려움을 겪는 우리나라 산업

- 이 문제를 해결할 수 있는 방법

세계에서 어린이가 가장 적은 나라 대한민국?

　전 세계에서 우리나라 어린이 **비율**이 가장 낮다는 충격적인 조사 결과가 나왔어요. 일본 정부가 유엔 세계 인구 **추계**를 바탕으로 분석한 자료를 보면, 2023년 우리나라 14세 이하 유소년 인구 비율이 10.6%에 그쳤답니다. 인구 4천만 명을 넘는 전 세계 37개국을 비교했을 때 최저 수준이에요.

　주요 선진국들의 어린이 비율을 살펴보면 차이가 더욱 뚜렷해져요. 미국이 17.3%로 가장 높았고, 영국 17.2%, 프랑스 16.5%를 기록했어요. 독일도 13.9%로 어린이 비율이 우리보다 3% 이상 높았답니다. 특히 고령화 문제로 유명한 일본조차 11.4%로 우리나라를 앞섰어요. 2020년까지만 해도 한국과 일본이 12% 정도로 비슷했는데, 그 이후 우리나라가 급격하게 하락하면서 격차가 벌어진 거예요.

　더 심각한 문제는 이런 추세가 계속될 거라는 점이에요. 어린이가 줄어드는 이유는 아이를 적게 낳는 저출산 현상 때문이에요. 높은 양육비, 교육비 부담, 일과 육아를 **병행**하기 어려운 환경 등이 주요 원인이랍니다. 이러한 인구 변화는 우리 사회에 큰 위기를 가져올 수 있어요. 일할 사람이 부족해져 생산성이 떨어지면 경제가 어려워질 수 있어요. 또한 국민연금이 **고갈**되거나 건강 보험 제도가 불안정해질 위험도 있지요. 저출산 문제는 현재 우리나라가 직면한 가장 큰 과제가 되었어요.

- **비율:** 전체에서 차지하는 정도를 나타내는 숫자
- **추계:** 미루어 계산하여 예상하는 것
- **병행:** 두 가지 이상을 함께 진행하는 것
- **고갈:** 자원이나 힘이 다 떨어져 없어지는 것

배경지식 더하기

유소년 인구는 0세부터 14세까지의 어린이와 청소년을 말해요. 생산 가능 인구는 15세부터 64세까지 일할 수 있는 나이의 사람들이고, 고령 인구는 65세 이상을 말해요. 건강한 사회를 유지하려면 이 세 그룹의 균형이 중요한데, 우리나라는 유소년 인구가 크게 줄어들면서 균형이 무너지고 있답니다.

단어 깊이 알아보기

다음 단어와 뜻을 알맞게 연결해 보세요.

1. 비율 • • ① 미루어 계산하여 예상하는 것
2. 추계 • • ② 자원이나 힘이 다 떨어져 없어지는 것
3. 병행 • • ③ 전체에서 차지하는 정도를 나타내는 숫자
4. 고갈 • • ④ 두 가지 이상을 함께 진행하는 것

논술 개요 잡기

1. 저출산의 원인은 무엇인가요?

----

2. 저출산 문제에 대한 나의 생각을 써 보세요.

- 아이를 키우면 좋은 점과 어려운 점

- 나는 커서 아이를 낳고 싶은지

- 내가 생각하는 가장 좋은 저출산 해결 방법

'케데헌', 넷플릭스 역사상 최고 기록 세워

넷플릭스에서 공개된 애니메이션 〈케이팝 데몬 헌터스(줄여서 케데헌)〉가 역사적인 성과를 달성했어요. 넷플릭스 콘텐츠 사상 처음으로 누적 시청 수 3억 회를 돌파했답니다. 이는 기존 1위였던 〈오징어 게임 시즌 1〉의 2억 6천만 회를 크게 넘어선 기록이에요.

이 작품은 K-팝 걸 그룹 헌트릭스가 음악으로 **악령**들을 퇴치하며 세상을 지킨다는 스토리예요. 한국의 **무속 신앙**과 K-팝을 결합한 첫 해외 제작 애니메이션으로, 전통문화와 현대 음악이 만나는 독특한 설정이 전 세계 시청자들의 마음을 사로잡았어요. 게다가 음악적 성과도 놀라워요. 작품에 등장하는 노래가 미국 빌보드와 영국 오피셜 차트에서 모두 1위를 차지했거든요. '케데헌 열풍'은 음반뿐만 아니라 관련 상품까지 품절 사태를 일으킬 정도로 뜨거운 반응을 보이고 있어요.

하지만 케데헌을 진정한 K-콘텐츠로 봐야 하는지에 대해서는 의견이 갈리고 있어요. 한국 문화를 소재로 했지만 실제 제작은 우리나라 회사가 아닌 소니픽쳐스가 담당했고, 대부분의 **흥행 수익**을 넷플릭스가 가져가는 구조이기 때문이에요. 그럼에도 '케데헌'이 한국에 미치는 긍정적 효과는 확실해요. 작품 공개 후 K-팝은 물론이고 한복, 갓, 한국 호랑이 등 우리나라를 상징하는 것에 대한 관심도 높아졌고, **방한**하는 관광객도 급증하고 있어요.

- **악령**: 사람에게 나쁜 짓을 한다고 알려진 못된 귀신
- **무속 신앙**: 귀신이나 신령을 믿고 제사나 굿을 지내는 민간 신앙
- **흥행 수익**: 영화나 공연으로 관객을 많이 모아서 벌어들인 돈
- **방한**: 외국 사람이 한국을 방문하는 것

배경지식 더하기

넷플릭스는 미국에서 설립된 회사로 전 세계에서 가장 큰 온라인 동영상 스트리밍 서비스예요. 월 구독료를 내면 드라마, 영화, 다큐멘터리, 애니메이션 등을 무제한으로 볼 수 있어요. 넷플릭스는 전 세계 190개국 이상에서 서비스되고 있으며, 각 나라의 문화 콘텐츠가 전 세계로 퍼지는 데 큰 역할을 하고 있어요.

단어 깊이 알아보기

다음 문장에서 '방한'의 뜻이 나머지와 다른 것을 찾아보세요.

① 미국 대통령이 방한하여 정상 회담을 했어요.
② 겨울에는 방한 장갑을 끼고 나가야 해요.
③ 유명 가수가 방한해서 콘서트를 열었어요.
④ 일본 총리의 방한 일정이 발표됐어요.
⑤ 외국 관광객의 방한이 늘어나고 있어요.

논술 개요 잡기

1. <케이팝 데몬 헌터스>의 줄거리는 무엇인가요?

----

2. <케데헌>이 K-콘텐츠라고 생각하는지 나의 생각을 써 보세요.

- K-콘텐츠로 볼 수 있는 이유

- K-콘텐츠로 보기 어려운 이유

- 나는 어떤 의견에 동의하는지

다이소 따라잡기, 이마트·편의점 초저가 경쟁

다이소의 성공을 보고 많은 유통업체들이 저가 상품 판매 경쟁에 뛰어들고 있어요. 생활용품뿐만 아니라 음식, 화장품, 건강식품까지 **초저가** 시장에서 치열한 경쟁이 시작된 것이지요. 다이소는 저렴한 가격과 균일가 전략으로 큰 성공을 거뒀어요. 전국에 무려 1,600개가 넘는 매장을 운영하며 저가 시장의 절대 강자로 자리 잡았답니다.

다이소의 급성장을 지켜본 이마트는 '오케이 프라이스'라는 자체 브랜드를 만들어 대응에 나섰어요. 기존 상품보다 용량은 줄이되 가격을 대폭 낮췄고, 다이소와 달리 **가공식품**을 전면에 내세워 장보기 고객들을 집중 겨냥한 것이 특징이에요. 모든 상품을 5,000원 이하로 정하고, 라면이나 식용유 같은 가공식품과 칫솔, 치약 같은 생활용품을 중심으로 판매하고 있답니다. 편의점 업계도 초저가 시장에 동참했어요. GS25는 건강식품과 화장품 전용 **매대**를 도입하면서 매출이 늘어났어요. CU 역시 건강 식품에 특화된 매대를 전국 점포에 설치했답니다.

이런 초저가 전략이 성공할 수 있었던 이유는 오프라인 매장의 장점 때문이에요. 온라인에서는 5,000원짜리 상품 하나를 사도 배송비가 3,000원가량 들지만, **오프라인 매장**에서는 배송비 없이 직접 가서 사 올 수 있어 훨씬 유리하답니다. 초저가 시장이 커지면서 앞으로 유통업체들 사이에 더욱 치열한 경쟁이 벌어질 것으로 예상되어요.

- **초저가:** 매우 싼 가격
- **가공식품:** 인공적으로 처리하여 만든 식품
- **매대:** 물건을 진열해 놓은 판매대
- **오프라인 매장:** 인터넷이 아닌 실제 건물에 있는 가게

배경지식 더하기

균일가는 가게에서 파는 물건들을 모두 똑같은 가격으로 파는 것을 말해요. 예를 들어 연필, 지우개, 공책 등 각기 다른 물건이라도 모두 1,000원으로 통일해서 파는 거예요. 균일가 매장에서는 물건마다 가격을 확인할 필요가 없어 계산이 편리하답니다. 소비자들은 가격을 쉽게 예상할 수 있어 부담 없이 쇼핑할 수 있어요.

단어 깊이 알아보기

다음 빈칸에 알맞은 단어를 써 보세요.

1. 이 브랜드는 _____ 전략으로 물건값이 매우 저렴해요.
2. 신선한 과일보다 _____ 을 너무 많이 먹으면 건강에 안 좋아요.
3. 직원이 새로운 상품을 _____ 에 정리해서 놓고 있어요.
4. 인터넷 쇼핑보다 _____ 에서 직접 입어 보고 옷을 사는 걸 좋아해요.

논술 개요 잡기

1. 초저가 상품을 오프라인 매장에서 파는 것이 온라인보다 유리한 이유는 무엇인가요?

----

2. 온라인 쇼핑과 오프라인 쇼핑을 비교하여 써 보세요.

- 내가 좋아하는 쇼핑 방법 (온라인/오프라인)

- 그 방법을 선호하는 이유

- 그 방법의 장점과 단점

초고령 사회가 된 대한민국

2025년 통계청이 발표한 '인구 주택 총조사 결과'에 따르면, 우리나라의 총인구는 약 5천만 명이에요. 이 중 65세 이상 인구가 처음으로 1,000만 명을 돌파하면서 국민 5명 중 1명이 노인인 나라가 되었답니다. 반면 **유소년**(0~14세) 인구는 542만 명으로 전체 인구의 10.5%만을 차지했어요. 이는 저출산과 고령화가 동시에 진행되고 있음을 보여 주는 심각한 사회 문제예요.

우리나라는 2024년 12월 초고령 사회에 진입했어요. 사회는 전체 인구 중 65세 이상 인구 비율에 따라 세 단계로 나뉘어요. 고령화 사회는 65세 이상 인구가 7% 이상 14% 미만, 고령 사회는 14% 이상 20% 미만, 초고령 사회는 20% 이상인 사회랍니다. 우리나라가 마침내 가장 높은 단계에 도달한 거예요. 2008년에 10%였던 65세 이상 인구 비율이 20년도 되지 않아 두 배로 늘어났어요. 이런 변화는 전 세계적으로도 매우 빠른 속도로 진행된 것이어서 **주목**받고 있답니다. 이런 상황에 대응하기 위해 정부는 다양한 대책을 마련하고 있어요. 특히 노년 세대를 위해 일자리를 늘려 어르신들의 소득을 높이고 활력을 **증진**하려고 노력 중이에요.

일자리는 경제적 도움뿐만 아니라 건강하고 의미 있는 생활을 유지하는 데도 중요한 역할을 하지요. 전문가들은 **노인 복지** 등 사회적 안전망도 더욱 튼튼하게 만들어야 한다고 말하고 있어요.

- **유소년**: 0세부터 14세까지의 어린이와 청소년을 이르는 말
- **주목**: 관심을 가지고 주의 깊게 지켜보는 것
- **증진**: 더 나아지고 발전하는 것
- **노인 복지**: 나이가 많은 사람들의 생활을 돕는 제도나 서비스

배경지식 더하기

고령화 사회 대책과 함께 반드시 해야 하는 것이 저출산 정책이에요. 우리나라의 합계 출산율은 2023년 기준 0.72명으로 세계 최저 수준이랍니다. 정부는 출산 장려 정책을 통해 출생률을 높이려고 노력하고 있어요. 육아 지원금 확대, 보육 시설 늘리기, 일과 육아를 함께할 수 있는 환경 만들기 등이 대표적인 정책들이에요.

단어 깊이 알아보기

아래 설명을 읽고 해당하는 단어를 써 보세요.

1. 10살 민수는 어떤 그룹에 속할까요? ⇨ ㅇㅅㄴ
2. 관심을 가지고 주의 깊게 지켜보는 것은 무엇일까요? ⇨ ㅈㅁ
3. 노력을 통해 더 나아지고 발전하는 것은 무엇일까요? ⇨ ㅈㅈ
4. 65세 이상 어르신들의 생활을 돕는 정부 정책은 무엇일까요? ⇨ ㄴㅇㅂㅈ

논술 개요 잡기

1. 고령화 사회, 고령 사회, 초고령 사회를 나누는 기준은 무엇인가요?

----

2. 정부의 노인 복지 제도에 대해 써 보세요.

- 우리 주변의 노인 복지 제도 한 가지

- 그 제도가 어르신들에게 주는 도움

- 앞으로 더 필요한 노인 복지 제도와 그러한 이유

영화를 천 원에 볼 수 있다고요?

2025년 7월 정부가 국민을 위한 특별한 선물을 준비했어요. 영화관 관람료를 6천 원씩 할인해 주는 할인권을 450만 장이나 나눠준 것이지요. 이 사업은 내수를 활성화하고 어려움을 겪는 영화 산업을 도우려는 목적으로 시작됐어요.

할인권은 CGV, 롯데시네마, 메가박스 등 각 영화관의 웹사이트나 앱에서 받을 수 있었지요. 이번 할인의 가장 큰 장점은 다른 할인과 함께 쓸 수 있다는 것이에요. 장애인 할인, **경로 우대** 할인, 청소년 할인, 조조 할인 등과 **중복** 적용이 가능했어요. '문화가 있는 날(매달 마지막 주 수요일)'에는 단돈 1천 원에 영화를 볼 수도 있어요. 이날은 원래 7천 원에 영화를 볼 수 있는 날인데, 여기에 정부 할인 6천 원을 더하면 단돈 1천 원만 내고서 영화를 볼 수 있게 되는 거예요.

최근 몇 년간 영화 산업은 많은 어려움을 겪고 있었어요. 관객 수가 줄어들어 영화관들은 **침체**를 겪었지요. 정부는 대형 멀티플렉스뿐만 아니라 독립 영화관, 예술 영화관, 작은 영화관까지 모두 참여할 수 있도록 했어요. 또한 정부는 공연과 전시 할인권도 추가로 배포했어요. 공연은 1만 원, 전시는 3천 원 할인을 받을 수 있는 쿠폰을 총 210만 장 준비했지요. 정부가 이렇게 다양한 문화 **향유** 기회를 제공하는 것은 국민들의 삶의 질을 높이고 문화 산업 전체를 활성화하기 위해서랍니다.

- **경로 우대:** 노인을 공경하여 특별히 대우하는 것
- **중복:** 어떤 것이 추가되어 서로 겹치는 것
- **침체:** 활기가 없고 나아가지 못하는 상태
- **향유:** 좋은 것을 누리며 즐기는 것

배경지식 더하기

조조 할인은 영화관 오전 상영 시간에만 받을 수 있는 할인을 말해요. 보통 첫 회차나 오전 10시 이전 상영작에 적용되는 경우가 많아요. 사람들이 주로 오후나 저녁에 영화를 보러 오기 때문에 오전 시간대는 관객이 적은 편이에요. 그래서 영화관에서는 더 많은 사람들이 오도록 조조 할인을 제공한답니다.

단어 깊이 알아보기

다음 빈칸에 알맞은 단어를 써 보세요.

1. 지하철에서 어르신들에게 _____ 혜택으로 무료 승차가 가능해요.
2. 같은 내용이 _____ 되지 않도록 확인해야 해요.
3. 경제가 _____ 되어서 물건이 잘 팔리지 않아요.
4. 모든 국민이 문화를 _____ 할 권리가 있어요.

논술 개요 잡기

1. 정부가 영화관 할인권을 나눠 준 이유는 무엇인가요?

----

2. 정부의 문화 할인 정책에 대해 써 보세요.

- 영화, 공연, 전시 할인의 좋은 점

- 할인 정책의 문제점이나 아쉬운 점

- 더 많은 사람들이 문화생활을 즐기려면 어떻게 해야 할지

6,000년 전 그림 반구천 암각화, 유네스코 등재

우리나라 울산에 있는 반구천의 암각화가 유네스코 **세계 유산**에 등재되었어요. 암각화는 바위에 새겨진 그림을 말하는데, 이곳의 암각화는 **선사 시대** 유물로써 약 6,000년이라는 긴 시간 동안 선대 사람들이 그려온 소중한 문화유산이에요. 이번 등재로 우리나라는 총 17개의 세계 유산을 갖게 되었어요.

출처: 국가유산포털

반구천의 암각화는 두 곳으로 나뉘어져 있어요. 먼저 '울주 대곡리 반구대 암각화'에는 높이 4.5m, 너비 8m의 큰 바위에는 고래를 사냥하는 모습과 사슴, 호랑이, 멧돼지 등 여러 동물의 그림이 약 300점 새겨져 있어요. 세계에서 가장 오래된 고래 사냥 그림이 바로 이곳에 새겨져 있답니다.

'울주 천전리 명문과 암각화'에는 높이 2.7m, 너비 10m 바위에 여러 도형과 새겨진 글씨와 그림이 약 600점이 있어요. 이곳에는 신라 법흥왕 시기에 남긴 것으로 **추정**되는 글도 있어서 6세기 신라 사회를 연구하는 데 중요한 자료로 쓰여요.

유네스코 세계유산위원회는 이 그림들이 옛 한반도 사람들의 예술성을 잘 보여주는 귀중한 자료라고 평했어요. 하지만 댐 때문에 암각화가 해마다 물에 잠겼다가 드러나는 일이 반복되어 **훼손**이 우려되고 있어요. 앞으로 암각화가 훼손되지 않도록 보존하려는 노력이 필요해요. 한편, 같은 시기에 북한의 금강산도 세계 유산에 등재되어 남북한이 모두 소중한 문화유산을 세계에 알리게 되었어요.

- **세계 유산:** 유네스코에서 인류 전체의 소중한 문화재나 자연유산으로 지정한 것
- **선사 시대:** 문자가 만들어지기 이전 시대
- **추정:** 일정한 근거를 바탕으로 미루어 짐작함
- **훼손:** 망가뜨리거나 손상을 입힘

배경지식 더하기

우리나라는 1995년에 석굴암과 불국사, 해인사 장경판전, 종묘가 처음 세계 유산으로 등재된 이후 꾸준히 추가되고 있어요. 창덕궁과 화성(1997), 경주 역사 유적 지구와 고인돌 유적(2000), 제주도 화산섬과 용암 동굴(2007), 조선 왕릉(2009), 하회 마을과 양동 마을(2010), 남한산성(2014), 백제 역사 유적 지구(2015), 산사와 한국의 산지승원(2018), 한국의 서원(2019), 한국의 갯벌(2021), 가야 고분군(2023년)에 이어 이번 반구천의 암각화(2025)가 17번째입니다.

단어 깊이 알아보기

뜻풀이와 알맞은 단어를 선으로 연결해 보세요.

1. 문자가 만들어지기 이전 시대 • • ① 추정

2. 일정한 근거를 바탕으로 짐작함 • • ② 훼손

3. 망가뜨리거나 손상을 입힘 • • ③ 선사 시대

논술 개요 잡기

1. 반구천 암각화가 유네스코 세계 유산에 등재된 이유는 무엇인가요?

----

2. 우리나라의 세계 유산 중 한 곳을 선택해서 소개하는 글을 써 보세요.

- 내가 선택한 세계 유산의 이름과 등재 연도

- 그 세계 유산의 특징과 중요성

- 그 세계 유산을 보존해야 하는 이유

주말엔 쉬어가기 — 2주 차 통계 자료를 해석하기

자신감이 높아지는 단어 퀴즈

1. 기사 속 숫자를 찾아 빈칸을 채워 보세요.

> 보기   95세 / 3억 회 / 1,000만 명 / 15%

(1) 워런 버핏은 _____ 에 은퇴했어요.

(2) <케데헌>은 누적 시청 수 _____ 를 돌파했어요.

(3) 우리나라 65세 이상 인구가 _____ 을 넘었어요.

(4) 트럼프 대통령은 한국산 제품에 _____ 의 관세를 매기기로 했어요.

2. 아래 그래프를 보고 알 수 있는 사실을 써 보세요.

[주요국 어린이 비율] (단위: %)

(1) 이 그래프는 무엇을 비교하고 있나요?

----

(2) 어린이의 비율이 15% 이상인 나라는 어디인가요?

----

(3) 독일과 일본 중 어느 나라의 어린이 비율이 더 높나요?

정답 (1) 95세 (2) 3억 회 (3) 1,000만 명 (4) 15% · (1) 주요국의 어린이 비율 (2) 미국, 영국 (3) 독일

호기심이 깊어지는 생각 퀴즈

**1. 6,000년 전 사람들은 바위에 그림을 그렸어요.
여러분이 미래 사람들에게 남기고 싶은 그림이나 메시지를 기록해 보세요!**

울산 반구대 암각화에 그려진 6,000년 전 사람들의 그림을 떠올려보세요. (참고: 54쪽)

2. 여러분이 만약 회사의 사장님이라면, 직원으로 어떤 사람을 뽑고 싶은지 써 보세요.

세계 IT 기업들이 AI 전문가를 영입하기 위해 경쟁하는 이야기를 떠올려보세요. (참고: 40쪽)

2장.

구조 이해하기

3주

사건의 '퍼즐'을 맞춰 봅시다!
원인-결과-영향을 연결하여 살펴보기

3주 차에는 기사 속 사건들이 어떻게 연결되어 있는지 살펴볼 거예요.
마치 퍼즐 조각을 맞추듯이 원인과 결과, 그리고 영향을
하나씩 살펴보며 사건의 전체 그림을 완성해 보아요.

4주

기사 속 '숨은 목소리'를 찾아봅시다!
두 관점을 비교하며 쟁점 파악하기

4주 차에는 같은 사건을 바라보는 서로 다른 입장을 찾아볼 거예요.
기사 속에는 여러 사람들의 다양한 목소리가 숨어 있답니다.
각각의 관점을 비교하며 무엇이 쟁점인지 함께 파악해 보아요.

러시아 캄차카반도, 화산 7개 동시 폭발

2025년 7월, 러시아의 캄차카반도에서 규모 8.8의 강력한 지진이 발생했어요. 이번 지진은 2011년 동일본 대지진 이후 최대 규모의 지진으로 기록되었답니다. 강한 지진으로 인해 캄차카반도에 있는 7개의 화산이 동시에 폭발했어요.

화산재가 하늘을 뒤덮으면서 주민들은 마스크를 착용하고 외출을 피해야 했답니다. 화산재는 숨쉬기를 어렵게 하고, 건물과 도로에 쌓여서 교통과 전기 공급에도 문제를 일으켰어요. 학교와 상점들이 문을 닫고, 사람들은 집 안에서 안전을 지켜야 했답니다.

출처: 위키미디어, Daniel Läubli

캄차카반도는 약 160개의 화산이 있고, 그중 29개가 지금도 활동하는 **활화산**이에요. 이 지역이 지진과 화산 활동이 활발한 이유는 환태평양 조산대 안에 있기 때문이에요. 이 지역은 태평양을 둘러싸고 있는 지역으로, 전 세계 지진과 화산의 80%가 이곳에서 발생한답니다. 캄차카반도에서는 태평양판과 오호츠크판이 만나고 있어요. 무거운 태평양판이 가벼운 오호츠크판 밑으로 밀려들어 가는 **섭입** 현상이 일어나면서 엄청난 열과 **압력**이 만들어져요. 이때 생긴 뜨거운 **마그마**가 땅 위로 분출하면서 화산이 폭발하고, 판들이 움직이면서 지진이 발생하게 되는 거예요. 전문가들은 최근 미얀마, 대만 등 환태평양 지역에서 강한 지진들이 연이어 발생하면서 전 세계가 지진 활동기에 들어섰다고 분석했어요.

- **활화산**: 지금도 분화할 가능성이 있는 화산
- **섭입**: 지각판이 다른 지각판 밑으로 파고들어 가는 현상
- **압력**: 물체를 누르는 힘
- **마그마**: 땅속 깊은 곳에 있는 뜨거운 액체 상태의 암석

배경지식 더하기

환태평양 조산대는 태평양을 둘러싸고 있는 지진과 화산이 많이 발생하는 지역을 말해요. 지구 표면을 덮고 있는 거대한 판들이 만나는 곳이라 지진과 화산 활동이 활발하지요. 그래서 이 지역을 '불의 고리'라고도 불러요. 일본도 환태평양 조산대에 속해 있어서 지진이 자주 일어나요.

단어 깊이 알아보기

다음 빈칸에 알맞은 단어를 써 보세요.

1. 제주도 한라산은 언젠가 다시 분화할 수 있는 _____ 이에요.
2. 해양 지각판이 대륙 지각판 밑으로 파고드는 _____ 현상이 일어나요.
3. 깊은 바다에서는 물의 _____ 이 매우 강해요.
4. 화산이 폭발하면 땅속의 _____ 가 밖으로 분출돼요.

논술 개요 잡기

1. 섭입 현상이란 무엇인가요?

----

2. 세계의 활화산 중 하나를 골라 조사 보고서를 써 보세요.

- 활화산 선택하기

- 그 화산의 특징과 위치

- 그 화산의 최근 활동이나 역사

치솟는 농산물 가격, 높아지는 식탁 물가

최근 우리가 매일 먹는 쌀, 채소, 과일 같은 농산물 값이 크게 올랐어요. 이렇게 농산물 가격이 급하게 오르면서 전체 물가까지 함께 상승하는 현상을 '애그플레이션'이라고 해요. 이는 영어로 농업을 뜻하는 '애그리컬처'와 물가 상승을 뜻하는 '인플레이션'이 합쳐진 말이랍니다. 그런데 왜 농산물은 다른 상품들보다 가격 변동이 심할까요?

농작물은 공장에서 찍어 내는 물건과는 달라요. 자동차나 가전제품은 필요하면 공장에서 더 많이 만들 수 있지만, 농작물은 심고 나서 **수확**할 때까지 최소 몇 달이 걸려요. 게다가 날씨의 영향을 많이 받기 때문에 가뭄이나 폭우가 나면 농작물이 제대로 자라지 못해서 공급이 부족해져요. 최근에는 기후 변화 때문에 **이상 기후**가 자주 일어나면서 농산물의 생산량이 불안정해졌답니다. 또한 농산물을 많이 생산하는 나라에서 전쟁이 일어나면 수출과 수입이 원활하지 않아 밀이나 옥수수 가격이 **급등**하기도 해요.

농산물은 다른 음식을 만드는 **원재료**이기 때문에 우리가 먹는 모든 음식이 비싸져요. 예를 들어 밀값이 오르면 밀가루값이 먼저 올라가고, 그런 다음에는 밀가루로 만든 라면이나 빵, 과자가 모두 비싸져요. 또 설탕값이 오르면 설탕이 들어간 사탕, 초콜릿, 음료수가 덩달아 가격이 올라가는 거랍니다.

- **수확:** 농작물을 거두어들이는 것
- **이상 기후:** 평소와 다르게 이상하게 나타나는 날씨 현상
- **급등:** 값이나 수치가 갑자기 크게 오르는 것
- **원재료:** 물건을 만드는 데 필요한 기본 재료

배경지식 더하기

인플레이션은 물가가 지속적으로 오르는 현상을 말해요. 물가가 오르면 같은 돈으로 살 수 있는 물건의 양이 줄어들지요. 반대로 '디플레이션'은 물가가 지속적으로 내리는 현상이에요. 적당한 인플레이션은 경제가 성장하고 있다는 신호지만, 너무 빠르게 오르면 생활이 어려워진답니다.

단어 깊이 알아보기

다음 빈칸에 알맞은 단어를 써 보세요.

1. 가을에 농부들이 논에서 벼를 ＿＿＿＿＿ 하고 있어요.
2. 지구 온난화로 ＿＿＿＿＿ 가 자주 발생하고 있어요.
3. 기름값이 ＿＿＿＿＿ 해서 물가가 많이 올랐어요.
4. 빵을 만들려면 ＿＿＿＿＿ 인 밀가루가 필요해요.

논술 개요 잡기

1. 농산물이 다른 물건보다 가격 변동이 심한 이유는 무엇인가요?

----

2. 가공식품과 애그플레이션의 관계를 생각하면서 글을 써 보세요.

- 좋아하는 과자나 음식 하나 고르기

- 그 음식에 들어가는 농산물 찾기

- 그 재료의 가격이 오르면 어떤 일이 일어날지 상상하기

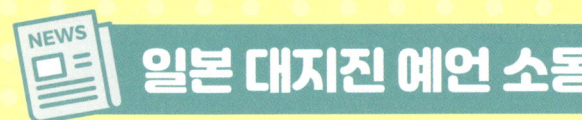
일본 대지진 예언 소동

일본 만화가 타츠키 료가 2025년 여름에 큰 지진이 일어날 것이라고 **예언**하면서 사회적 불안이 확산되었어요. 그는 1999년에 펴낸 『내가 본 미래』라는 책에서 2011년 동일본 대지진과 2020년 코로나19를 맞춘 것으로 유명해졌답니다. 타츠키 작가가 예언한 대로 대지진과 코로나19가 일어난 후 만화책은 100만 부 이상 팔릴 정도로 큰 인기를 끌었어요.

타츠키 작가는 자신이 꾼 **예지몽**을 바탕으로 "2025년 7월 5일 새벽 4시 18분에 일본에 거대한 **쓰나미**가 닥친다"라고 구체적으로 예언했어요. 사람들은 이 작가가 과거에 대지진과 코로나를 맞췄었다며 이번에도 그의 예언을 믿었어요. 이 소문이 빠르게 퍼지자 많은 사람이 일본 여행을 취소했어요. 일본 내에서는 편의점과 온라인 쇼핑몰에서 생수와 비상식량이 금세 **품절**되는 일까지 벌어졌답니다.

하지만 7월 5일에는 아무런 일이 일어나지 않았어요. 그러자 작가는 "7월 전체를 말한 것"이라며 말을 바꿨지만 그가 예언했던 큰 지진은 전혀 일어나지 않았어요. 일본 정부와 기상청은 이에 대해 처음부터 "과학적 근거가 없는 헛소문"이라고 말해 왔어요. 지진은 과학자들도 날짜와 시간을 정확하게 예측할 수 없어요. 전문가들은 근거 없는 소문에 휩쓸리지 말고 평소에 지진에 대비하는 자세가 가장 중요하다고 강조했어요.

- **예언:** 앞으로 일어날 일을 미리 말하는 것
- **예지몽:** 미래에 일어날 일을 미리 보는 꿈
- **쓰나미:** 지진이나 화산 폭발로 생기는 거대한 파도
- **품절:** 물건이 다 팔려서 없어진 상태

배경지식 더하기

동일본 대지진은 2011년 3월 11일 일본 동북부 해역에서 발생한 규모 9.0의 강력한 지진이에요. 이 지진으로 거대한 쓰나미가 일어나 사망자와 실종자가 약 2만 명에 가까웠습니다. 더군다나 후쿠시마 원자력 발전소가 폭발하는 사고도 같이 일어났답니다. 코로나 19는 2019년 말 중국에서 시작돼 2020년 전 세계로 퍼진 전염병이에요.

단어 깊이 알아보기

다음 단어와 뜻을 알맞게 연결해 보세요.

1. 예언 ・   ・ ① 미래에 일어날 일을 미리 보는 꿈
2. 예지몽 ・   ・ ② 물건이 다 팔려서 없어진 상태
3. 쓰나미 ・   ・ ③ 앞으로 일어날 일을 미리 말하는 것
4. 품절 ・   ・ ④ 지진이나 화산 폭발로 생기는 거대한 파도

논술 개요 잡기

1. 일본 정부와 기상청이 타츠키 작가의 지진 예언에 대해 밝힌 입장은 무엇인가요?

----

2. 미래를 예언하는 것에 대한 나의 생각을 써 보세요.

- 미래를 미리 알 수 있다면 좋은 점

- 미래를 미리 알게 된다면 생기는 나쁜 점

- 나는 미래를 미리 알고 싶은지

사진을 3D 피규어로, 압도적 성능의 나노 바나나

최근 기존 이미지 생성 인공 지능(AI)보다 **압도적**인 성능과 품질을 보여 준 '나노 바나나'가 화제가 되었어요. 특히 2D 사진을 3D 수집용 피규어로 바꾸는 '피규어 놀이'로 SNS에서 큰 인기를 끌었어요. 사진을 넣으면 마치 실제의 피규어처럼 보이는 이미지를 만들어 주었지요. 처음에는 이 AI 프로그램을 누가 만들었는지 알려지지 않았지만, 곧바로 구글에서 개발한 '제미나이 2.5 플래시 이미지'라는 것이 밝혀졌어요.

나노 바나나의 이미지 **합성** 기술은 정말 뛰어나요. 연예인과 함께 찍은 사진도 자연스럽게 만들 수 있지요. 기존 AI가 자주 실수하던 손가락 개수나 부자연스러운 관절 같은 문제도 좋아졌다는 평가를 받고 있어요. 이런 성능 덕분에 제미나이 앱의 인기가 치솟았어요. 애플 앱스토어에서는 챗GPT를 제치고 1위에 오르기도 했지요. 하지만 사람들을 속이기 쉬운 가짜 이미지를 만들 수 있어서 걱정도 돼요. 가짜 뉴스가 늘어나거나 범죄에 **악용**될 수 있거든요. 실제로 유명인의 얼굴을 몰래 사용하여 거짓의 내용을 퍼트려서 피해를 주는 일들이 일어나고 있어요. 이런 문제를 막기 위해 구글은 대비책을 마련했어요. 제미나이로 만든 모든 이미지에 **워터마크**와 특별한 디지털 표시를 넣어서 인공 지능이 만든 이미지라는 걸 쉽게 알 수 있게 한 거예요. 그래도 이것보다 더 많은 안전장치가 필요할 것 같아요.

- **압도적**: 힘이나 능력이 다른 것보다 월등히 뛰어남
- **합성**: 여러 가지를 합쳐서 새로운 것을 만드는 것
- **악용**: 나쁜 목적으로 잘못 사용하는 것
- **워터마크**: 저작권을 보호하기 위해 이미지나 영상에 넣는 표식

배경지식 더하기

피규어는 만화나 게임 캐릭터를 입체적으로 만든 모형을 말해요. 일본에서 시작된 문화로, 처음에는 플라스틱으로 만든 간단한 장난감이었지만 지금은 매우 정교하고 예술적인 작품들도 많이 나와요. 좋아하는 캐릭터의 피규어를 수집하는 취미도 인기가 많답니다.

단어 깊이 알아보기

다음 빈칸에 알맞은 단어를 써 보세요.

1. 우리 팀은 상대 팀을 _____ 인 점수 차로 이겼어요.
2. 여러 사진을 _____ 해서 하나의 멋진 작품을 만들었어요.
3. 개인 정보를 범죄에 _____ 하면 안 돼요.
4. 사진작가가 도용을 막기 위해 사진에 _____ 를 넣었어요.

논술 개요 잡기

1. 나노 바나나가 만든 이미지가 문제가 될 수 있는 이유는 무엇인가요?

----

2. AI 이미지에 대한 나의 생각을 써 보세요.

- AI로 이미지를 만들면 좋은 점

- AI로 이미지를 만들 때 나쁜 점

- AI 이미지를 바르게 사용하는 방법

중국에서 열린 세계 최초 로봇 올림픽

중국 베이징에서 세계 최초의 휴머노이드 로봇 올림픽이 열렸어요. 16개국에서 온 280개 팀이 참가했고, 500대가 넘는 로봇들이 달리기, 축구, 권투 같은 운동 경기에서 실력을 겨뤘어요. 수천 명의 관중들은 사람 대신 로봇들이 뛰어다니는 장면을 지켜봤지요.

인공 지능(AI)으로 움직이는 로봇들의 모습은 아직 완벽하지 않았어요. 달리던 로봇이 균형을 잃고 넘어지거나 갑자기 멈춰서 관중들을 웃게 만들기도 했지요. 하지만 이런 실수들조차 로봇이 스스로 상황을 판단하며 움직인다는 것을 보여 주었어요.

가장 주목받은 종목은 100m 달리기였어요. 중국이 개발한 '텐궁 울트라'가 21.50초로 우승을 차지했는데, **원격 조종** 없이도 로봇이 스스로 상황을 판단하며 **완주**하는 모습을 보여 주었어요. 9.58초의 최고 기록을 세운 인간과 큰 차이가 나지만, **정교해진** 로봇의 움직임은 놀라움을 자아냈어요. 축구에서도 중국 칭화대학교 팀이 독일을 1대 0으로 꺾고 금메달을 목에 걸었답니다.

이번 올림픽은 중국의 로봇 기술이 얼마나 빨리 발달하고 있는지 보여준 대회였어요. 중국은 국가적으로 로봇과 인공 지능 기술 개발에 엄청난 투자를 하고 있답니다. 전문가들은 "로봇이 이제는 스스로 생각하고 움직일 수 있게 되었다"라며 기술 발전을 **실감**할 수 있었다고 평가했어요.

- **원격 조종**: 멀리 떨어진 곳에서 기계나 장치를 조종하는 것
- **완주**: 경기나 대회에서 끝까지 달리거나 참가하는 것
- **정교한**: 매우 정밀하고 세밀하게 만들어진 것을 뜻함
- **실감**: 실제처럼 생생하게 느껴지는 것

배경지식 더하기

휴머노이드 로봇은 사람과 비슷한 모습을 가진 로봇을 말해요. 머리, 몸통, 팔, 다리가 있어서 사람처럼 걷고 물건을 집을 수 있어요. 최근에는 인공 지능 기술이 발전하면서 사람의 조종 없이도 스스로 판단하고 행동할 수 있는 휴머노이드 로봇들이 만들어지고 있답니다.

 단어 깊이 알아보기

다음 뜻풀이를 읽고 알맞은 단어를 써 보세요.

1. ㅇㄱㅈㅈ   멀리 떨어진 곳에서 기계나 장치를 조종하는 것
2. ㅇㅈ   경기나 대회에서 끝까지 달리거나 참가하는 것
3. ㅈㄱㅎ   매우 정밀하고 세밀하게 만들어진 것을 뜻함
4. ㅅㄱ   실제처럼 생생하게 느껴지는 것

 논술 개요 잡기

1. 중국이 로봇 올림픽을 개최하고 좋은 성적을 거둘 수 있었던 이유는 무엇인가요?

----

2. 내가 만들고 싶은 운동 로봇에 대해 써 보세요.

• 내가 만들고 싶은 운동 로봇

• 그 로봇이 잘할 수 있는 운동 종목

• 그 로봇을 만들면 어디서 활용할지

이상한 캐릭터의 인기, '이탈리아 브레인롯'

요즘 젊은이들 사이에서 인공 지능(AI)으로 만든 이상한 캐릭터들이 인기를 끌고 있어요. 바로 '이탈리아 브레인롯(Italian Brainrot)'이라는 인터넷 밈이에요. 나이키 운동화를 신은 상어, 근육질 팔을 가진 오렌지, 머리가 커피잔 모양인 발레리나처럼 현실에서는 볼 수 없는 **기괴한** 모습의 캐릭터들이랍니다. 이러한 캐릭터들은 전 세계 SNS에서 공유되며 큰 화제가 되고 있어요. 이탈리아 브레인롯의 가장 큰 특징은 인공 지능으로 만들어진다는 점이에요. 동물과 물건을 합쳐서 새로운 캐릭터를 만들고, 이탈리아어처럼 들리지만 외계어에 가까운 말을 해요. '트랄랄라레로 트랄랄라'나 '퉁퉁퉁퉁 사후르' 같이 뜻을 알 수 없는 **의성어**를 사용하는 것도 특징이지요. 또한 일부러 **화질**을 낮추고 어색하게 움직이게 만들어서 일부러 더 웃기게 보이도록 해요. 이런 캐릭터들이 인기 있는 이유는 다양하답니다. AI 기술이 빠르게 발전하면서 누구나 쉽게 이상한 캐릭터를 만들 수 있게 되었고, 틱톡 같은 짧은 영상 플랫폼을 통해 빠르게 전파될 수 있었어요. 여기에 젊은이들의 독특한 유머도 한몫했답니다.

하지만 모든 밈이 좋은 영향만 주는 것은 아니에요. 일부 밈은 특정 사람을 **조롱**하거나 부적절한 내용을 포함하기도 해요. 재미있다고 해서 무분별하게 보다가는 집중력 **저하**나 정신적 피로를 느낄 수 있으니 적당히 즐기는 것이 중요하답니다.

- **기괴한**: 모양이나 모습이 이상하고 무서운 것을 뜻함
- **의성어**: 소리를 흉내 낸 말
- **화질**: 영상이나 사진의 화면이 선명한 정도
- **조롱**: 다른 사람을 놀리거나 비웃는 것
- **저하**: 수준이나 능력이 낮아지는 것

배경지식 더하기

밈은 어떤 사람이 만든 재미있는 글이나 그림을 공유하며 빠르게 퍼져 나가는 것을 말해요. 브레인롯은 '뇌가 썩는다'라는 뜻으로, 온라인에서 의미 없는 콘텐츠를 너무 오래 보면서 느끼는 정신적 피로감을 나타내는 말이에요.

단어 깊이 알아보기

다음 중에서 뜻이 비슷한 단어들을 찾아 묶어 보세요.

㉠ 기괴한 ㉡ 전파 ㉢ 저하 ㉣ 이상한 ㉤ 확산 ㉥ 감소

1. _____ , _____ ⇨ 모습이 이상하다는 뜻
2. _____ , _____ ⇨ 퍼져 나간다는 뜻
3. _____ , _____ ⇨ 낮아진다는 뜻

논술 개요 잡기

1. 브레인롯과 밈의 뜻을 찾아 써 보세요.

✏️ 브레인 롯: _____

　　밈: _____

2. 여러분이 좋아하는 인터넷 밈이나 유행하는 콘텐츠에 대해 써 보세요.

- 내가 좋아하는 콘텐츠

- 왜 그 콘텐츠를 좋아하는지

- 콘텐츠를 적당하게 즐기는 방법

단어 깊이 알아보기 정답: 1. ㉠,㉣ 2. ㉡,㉤ 3. ㉢,㉥
논술 개요 잡기 정답: 1. 브레인롯: 온라인에서 의미 없는 콘텐츠를 너무 오래 보면서 느끼는 정신적 피로감. 밈: 어떤 사람이 만든 재미있는 글이나 그림을 공유하며 빠르게 퍼져 나가는 것.

프란치스코 교황 선종, 새 교황 즉위

2025년 4월 21일 로마 가톨릭교회의 수장인 프란치스코 교황이 88세의 나이로 세상을 떠났어요. 교황은 가톨릭 신자들에게 가장 높은 지도자로, 전 세계 14억 명의 신자를 이끄는 영적 지도자랍니다.

프란치스코 교황은 2013년 교황으로 선출된 후 가난하고 **소외**된 사람들을 위한 봉사를 강조했어요. 즉위 이후 임금도 마다하고 **청빈**한 삶을 몸소 실천하셨지요. 교황님은 직접 노숙자들의 발을 씻기고, 난민과 소수자들을 포용하는 메시지를 전했어요. 환경 보호를 강조하며 기후 변화 대응을 촉구하기도 했어요. 분쟁 지역을 방문해 평화를 호소하고, 종교 간 화합을 위해 노력한 그는 '가난한 이들의 벗'으로 불렸어요. 프란치스코 교황이 선종한 후, 바티칸에서는 콘클라베가 열렸어요. 콘클라베는 **추기경**들이 모여 새 교황을 뽑는 비밀 선거예요.

콘클라베 결과 미국의 '로버트 프랜시스 프레보스트' 추기경이 제267대 교황으로 선출되었어요. 새 교황은 즉위명으로 '레오 14세'를 선택했어요. 1955년 미국 시카고에서 태어난 레오 14세 교황은 가톨릭교회 역사상 첫 미국 출신 교황이에요. 사제가 된 후 페루 빈민가에서 가난한 사람들을 위해 **헌신**하며 살아오셨지요. 전 세계 가톨릭 신자들은 새 교황이 프란치스코 교황의 뜻을 이어 평화와 사랑의 메시지를 전하길 기대하고 있어요.

- **소외**: 무리에서 따돌림을 당하거나 관심을 받지 못하는 것
- **청빈**: 가난하지만 깨끗하고 바르게 사는 것
- **추기경**: 가톨릭교회에서 교황 다음으로 높은 성직자
- **헌신**: 다른 사람이나 어떤 일을 위해 온 힘을 다하는 것

배경지식 더하기

교황의 역사는 약 2000년 전부터 시작돼요. 가톨릭교회는 베드로를 첫 교황으로 여기며, 지금까지 267명의 교황으로 이어져 왔답니다. 교황은 중세 유럽에서 종교 지도자를 넘어 왕들보다 큰 영향력을 가졌어요. 전쟁과 평화를 결정하고 왕을 파문하는 권한도 있었지요. 현재 교황은 세계 평화와 인권, 환경 문제에 목소리를 내는 중요한 역할을 하고 있어요.

단어 깊이 알아보기

다음 단어와 뜻을 알맞게 연결해 보세요.

1. 소외 •   • ① 다른 사람이나 어떤 일을 위해 온 힘을 다하는 것
2. 청빈 •   • ② 무리에서 따돌림을 당하거나 관심을 받지 못하는 것
3. 추기경 •   • ③ 가난하지만 깨끗하고 바르게 사는 것
4. 헌신 •   • ④ 가톨릭교회에서 교황 다음으로 높은 성직자

논술 개요 잡기

1. 콘클라베란 무엇인가요?

----

2. 다른 사람을 도와준 경험에 대해 글을 써 보세요.

- 내가 다른 사람을 도와줬던 경험

- 그때 나의 기분

- 앞으로 하고 싶은 나눔이나 봉사 활동

할머니의 늦깎이 공부, 최고령 검정고시 합격자

　92세 박경자 할머니가 초등학교 검정고시에 합격해서 큰 화제가 되고 있어요. 박 할머니는 2025년 부산시교육청에서 시행한 초등학교 검정고시에 합격한 전국 **최고령** 합격자가 되었답니다.

　박 할머니가 태어난 1933년 **무렵**은 지금과는 완전히 다른 시대였어요. 특히 여성들은 교육을 받기 어려운 환경이었답니다. **남녀 차별**이 심했던 그 시절, 부모님들은 딸에게는 당연히 공부보다는 집안일을 가르쳐야 한다고 생각했어요. 박 할머니의 아버지 역시 "여자는 글을 몰라도 된다"라는 생각으로 딸의 교육을 반대했던 거예요. 그래서 또래 아이들이 학교에 다닐 때 박 할머니는 집에서 가사를 도우며 지낼 수밖에 없었답니다.

　세월이 흘러 박 할머니는 결혼을 하고 일곱 명의 자녀를 키우며 바쁜 일상을 보냈어요. 그러다 87세의 나이가 되어 인근 교회와 복지관에서 한글 수업을 들으며 용기 있게 공부를 시작했어요. 처음에는 자신의 이름조차 제대로 쓰지 못했지만, 선생님의 도움과 자신의 노력으로 점차 글을 읽고 쓸 수 있게 되었답니다. 박 할머니는 한글을 배우면서 글 쓰는 재미를 알게 되었어요. 그래서 더 **체계적**으로 공부하기 위해 검정고시에 도전한 것이지요. 박 할머니는 "내가 살아온 인생을 시로 표현하는 것이 남은 꿈"이라며 앞으로도 계속 공부할 계획이라고 밝혔어요.

- **최고령**: 가장 나이가 많은 것을 뜻함
- **무렵**: 어떤 시기나 때
- **남녀 차별**: 남자와 여자를 다르게 대우하는 것
- **체계적**: 일정한 순서와 방법에 따라 잘 짜인 것

배경지식 더하기

검정고시는 학교에 다니지 않았거나 중도에 그만둔 사람들에게 시험으로 학력을 인정해 주는 제도예요. 초등학교, 중학교, 고등학교 검정고시가 있어요. 과거에는 가난이나 전쟁, 차별 등으로 학교에 다니지 못한 어르신들이 많았는데, 검정고시를 통해 배움의 기회를 다시 얻을 수 있답니다.

 ### 단어 깊이 알아보기

다음 문장에서 밑줄 친 부분과 바꿀 수 있는 단어를 써 보세요.

1. 나이가 <u>가장 많은</u> 할머니가 상을 받으셨어요. ⇨ _____
2. <u>해가 질 때쯤</u>에 집으로 돌아왔어요. ⇨ _____
3. 직장에서 <u>성별에 따라 다르게 대우하는</u> 것은 불법이에요. ⇨ _____
4. <u>순서와 방법에 따라 잘 정리된</u> 교육 프로그램이에요. ⇨ _____

 ### 논술 개요 잡기

1. 박경자 할머니가 어린 시절 학교에 다니지 못한 이유는 무엇인가요?

----

2. 남녀 차별에 대한 나의 생각을 써 보세요.

- 남녀 차별의 문제점

- 지금도 남녀 차별이 있다고 생각하는지

- 남녀평등을 위해 필요한 태도

아이슬란드에 첫 모기가 나타났어요!

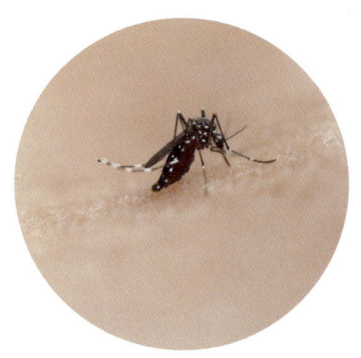

　북유럽 섬나라 아이슬란드는 날씨가 너무 추워 모기가 살지 않는 나라로 알려져 있어요. 하지만 최근 아이슬란드에서 처음으로 모기가 발견되었어요. 곤충을 **수집**하던 한 주민이 평소에 볼 수 없던 곤충을 발견하고 연구소에 사진을 보냈는데, 연구소의 곤충학자가 직접 방문해 확인한 결과 모기로 밝혀진 거예요. 이번에 발견된 모기는 암컷 모기 두 마리와 수컷 모기 한 마리 등 총 세 마리였어요. 이는 아이슬란드 **야생**에서 처음으로 모기가 발견된 **사례**예요. 1980년대에 아이슬란드에 착륙한 비행기 안에서 모기가 발견된 적은 있었지만, 아이슬란드 지역 내에서 발견된 건 이번이 처음이지요. 전문가들은 모기가 국제공항 근처에서 발견된 것을 보아 해외에서 **유입** 되었다고 추측하고 있어요.

　과학자들은 이번 모기 발견이 아이슬란드가 기후 변화와 세계화의 영향으로 바뀌고 있다는 신호라고 해석하고 있어요. 해외여행객이 증가하고 비행기와 배가 많이 드나들면서 곤충이 유입되는 확률이 높아지고 있다는 거예요. 기후 변화도 중요한 원인이지요. 아이슬란드의 빙하가 녹고 기온이 올라가면서 따뜻한 지역에 사는 곤충들이 아이슬란드에서도 살 수 있게 된 거예요. 전문가들은 이번에 발견된 모기가 다른 북유럽 지역에 사는 '줄무늬모기'라는 종으로, 아이슬란드의 추운 기후에서도 잘 견딜 수 있는 종으로 보인다고 설명했어요.

- **수집**: 여러 가지 물건이나 자료를 모으는 것
- **야생**: 사람의 손을 타지 않고 자연 그대로 사는 상태
- **사례**: 실제로 일어난 일이나 예
- **유입**: 밖에서 안으로 들어오는 것

배경 지식 더하기

세계화는 나라와 나라 사이의 교류가 활발해지는 현상을 말해요. 비행기와 배를 타고 사람들이 여러 나라를 오가거나, 물건도 국경을 넘어 이동해요. 이 과정에서 의도하지 않게 곤충이나 식물의 씨앗 같은 생물도 함께 이동하게 돼요. 예를 들어 비행기 짐칸에 곤충이 붙어 있다가 다른 나라로 가게 되는 것이죠. 이렇게 원래 살던 곳이 아닌 새로운 지역에 들어온 생물을 '외래종'이라고 불러요.

단어 깊이 알아보기

다음 문장의 초성에 알맞은 단어를 써 보세요.

1. 나는 우표를 ㅅㅈ 하는 취미를 가지고 있어요.
2. ㅇㅅ 동물은 동물원에 있는 동물보다 자유롭게 살아요.
3. 이번 사고는 안전사고의 대표적인 ㅅㄹ 예요.
4. 해외에서 외래 생물이 ㅇㅇ 되고 있어요.

논술 개요 잡기

1. 아이슬란드에서 모기가 발견된 이유는 무엇인가요?

----

2. 내가 살고 싶은 나라의 기후를 생각하고 써 보세요.

- 내가 좋아하는 계절과 그 이유

- 그 나라에 산다면 좋은 점

- 그 나라에 산다면 불편한 점

배터리 화재로 정부 시스템 마비

2025년 9월 26일 대전 유성구에 있는 국가정보자원관리원에서 큰불이 났어요. 이곳은 정부의 중요한 컴퓨터 시스템을 관리하는 곳인데, 불이 나면서 정부 홈페이지와 온라인 민원 서비스가 모두 멈춰버렸어요.

불은 5층 **전산실**에서 시작됐어요. 직원들이 비상 전원 장치를 옮기기 위해 리튬 이온 배터리를 분리하던 중 불꽃이 튀면서 화재가 발생한 거예요. 리튬 이온 배터리는 한번 불이 붙으면 끄기가 매우 어려워요. 이번 화재를 진압하는 데도 무려 21시간이 넘게 걸렸어요. 그 사이 5층에 있던 740대의 컴퓨터 장비가 모두 타버렸고, 6,477개의 정부 시스템이 작동을 멈췄어요.

정부24 같은 온라인 민원 서비스는 물론 우체국 택배 서비스, 일부 금융 서비스도 중단됐죠. 이 화재로 인해 행정안전부, 소방청 등의 홈페이지가 일시적으로 **마비**되었어요. 정부는 빠르게 복구하겠다고 밝혔지만, 전문가들은 완전히 회복되는 데 시간이 걸릴 것으로 보고 있어요. 이렇게 한 곳에서 발생한 불 때문에 나라 전체의 행정 서비스가 멈춘다는 것은 심각한 문제예요. 전문가들은 정부가 그동안 **전산망** 관리를 소홀히 했다고 비판하고 있어요. 특히 2023년에도 비슷한 마비 사태를 겪었는데, **이중 체계**를 마련하지 않아 더 문제라고 지적하고 있어요. 지금이라도 전산망 관리를 보완해야 한다는 목소리가 나오고 있어요.

- **전산실**: 컴퓨터와 서버 등 정보 시스템을 관리하는 방
- **마비**: 시스템이나 기능이 작동하지 않고 멈춘 상태
- **전산망**: 컴퓨터들이 서로 연결되어 정보를 주고받는 네트워크
- **이중 체계**: 하나가 고장 나도 다른 하나로 작동하게 하는 시스템

배경지식 더하기

데이터 센터는 수많은 컴퓨터 서버와 통신 장비를 한곳에 모아 관리하는 시설이에요. 국가정보자원관리원은 정부의 중요한 데이터를 보관하는 곳이에요. 그래서 화재나 정전 같은 비상 상황에 대비해 이중, 삼중의 안전장치를 갖춰야 해요. 하지만 이번 사고로 우리나라 정부 시스템의 안전 관리가 부족했다는 점이 드러났어요.

단어 깊이 알아보기

전산실에서 주로 하는 일은 무엇일까요?

① 책을 보관하고 관리한다.
② 음식을 만들고 배달한다.
③ 컴퓨터 시스템을 관리한다.
④ 오늘의 날씨를 살핀다.

논술 개요 잡기

1. 국가정보자원관리원 화재로 어떤 일이 일어났나요?

----

2. 중요한 물건을 지키는 방법에 대해 써 보세요.

- 나에게 가장 소중한 물건

- 그 물건을 잃어버리면 어떻게 될지

- 소중한 물건을 안전하게 보관하는 방법

주말엔 쉬어가기 — 3주 차 '원인-결과-영향' 연결하기

자신감이 높아지는 단어 퀴즈

1. 보기에서 알맞은 낱말을 골라 빈칸을 채워 원인과 결과를 완성해 보세요.

보기   공급 / 모기 / 행정 서비스

(1) 기후 변화로 인해 아이슬란드의 빙하가 녹고 기온이 올라가면서

⇨ _____ 가 아이슬란드에서 발견되었어요.

(2) 정부 컴퓨터 시스템을 한 곳에만 두었더니 불이 나서

⇨ 나라 전체의 _____ 가 멈췄어요.

(3) 농작물은 날씨의 영향을 많이 받아서

⇨ 가뭄이나 폭우가 생기면 _____ 이 부족해져요.

2. 다음 문장을 원인과 결과에 알맞게 이어 보세요.

(1) 밀값이 오르면?   •   •   ① 불을 끄기가 매우 어려워요.

(2) 리튬 이온 배터리에 불이 붙으면?   •   •   ② 화산이 폭발하고 지진이 발생해요.

(3) 날씨가 너무 추우면?   •   •   ③ 밀가루로 만든 빵과 라면이 비싸져요.

(4) 섭입 현상이 일어나면?   •   •   ④ 모기가 살 수 없어요.

> 호기심이 깊어지는 생각 퀴즈

1. 화산이 폭발한 모습을 본적 있나요? 어떤 모습일지 그림으로 그려보세요.

    (참고: 60쪽)

2. 우리 동네에 모기가 많아졌다고 상상하며 원인을 떠올려 봅시다.

    아이슬란드에서는 기후 변화로 기온이 올라가서 모기가 발견되었어요. 꼭 같은 이유가 아니어도 괜찮아요.

우리나라 AI 기술, 분발하세요!

우리나라는 첨단 기술 분야에서 늘 앞서 왔지만, 중국에게 쫓기고 있어요. 미국 하버드대학교 연구소가 세계 25개국의 핵심 기술 경쟁력을 조사한 결과, 우리나라는 종합 순위에서 5위를 기록했지만 점수 차이가 매우 컸어요. 미국이 84.3점, 중국이 65.6점을 받았고 우리나라는 20.0점에 그쳤거든요. 인공 지능(AI) 분야에서 9위, 바이오 10위, **양자 기술** 12위, 우주 기술 13위로 중간 정도 수준이었어요. 다행히 반도체 분야에서는 5위를 차지해 전체 순위를 끌어올렸답니다. 이 결과는 우리나라가 전반적인 기술 분야에서 **격차**가 벌어지고 있음을 보여 줘요.

중국이 이렇게 빨리 성장할 수 있었던 비결은 국가적 투자 때문이에요. 중국 정부는 인공 지능 산업과 로봇 산업은 물론이고 공과 대학의 기술 분야에 엄청난 돈을 쏟아붓고 있어요. 또한 첨단 기술 전문 인력을 키우기 위해 공대 진학을 학생들을 유도하고 있어요. 반면 우리나라는 중국에 비해 국가적 지원이 부족하고, 공대보다는 의대 진학을 **선호**하는 경향이 있어요. 우리나라도 더 늦기 전에 적극적인 연구 개발 투자와 미래 인재 **양성**을 위한 지원이 절실해요. 업계 전문가들은 인건비가 저렴한 중국 기업들과의 가격 경쟁에서 이기려면 기술력으로 격차를 벌려야 한다고 강조하고 있어요. 우리나라도 체계적인 투자와 노력을 기울여야 할 때예요.

- **양자 기술:** 아주 작은 입자의 특성을 이용하는 과학 기술
- **격차:** 수준이나 정도의 차이
- **선호:** 여러 가지 중에서 특정한 것을 더 좋아하는 것
- **양성:** 필요한 능력을 갖춘 사람을 기르고 키우는 것

배경지식 더하기

반도체는 전기가 통하기도 하고 통하지 않기도 하는 특별한 물질로 만든 부품이에요. 스마트폰, 컴퓨터, TV 등 모든 전자 제품에 들어가는 핵심 부품이지요. 반도체가 없으면 전자 제품이 작동할 수 없어요. 우리나라는 메모리 반도체를 세계 최고 수준으로 만들고 있어서 반도체 분야에서 높은 경쟁력을 가지고 있답니다.

단어 깊이 알아보기

다음 문장에서 밑줄 친 부분과 바꿀 수 있는 단어를 써 보세요.

1. 1등과 2등의 점수 <u>차이</u>가 너무 커요. ⇨ ----------
2. 우리 반 친구들은 축구보다 야구를 더 <u>좋아해요</u>. ⇨ ----------
3. 학교에서 미래의 과학자를 <u>교육</u>하는 프로그램을 만들었어요. ⇨ ----------

논술 개요 잡기

1. 중국이 첨단 기술 분야에서 빠르게 성장할 수 있었던 이유는 무엇인가요?

----

2. 우리나라가 기술 강국이 되려면 어떻게 해야 하는지 나의 생각을 써 보세요.

- 우리나라 기술력이 약해지고 있는 이유

- 기술 강국이 되기 위해 필요한 것

- 정부에서 어떤 지원을 해주면 좋을지

과학 안 보는 이과생 늘어난다, '사탐런' 가속화

수능에서 이공 계열 **진학**을 꿈꾸는 학생들이 과학 탐구 대신 사회 탐구를 선택하는 '사탐런' 현상이 **가속화**되고 있어요. 2026학년도 수능에서 사회 탐구를 선택한 학생은 전체 탐구 영역 응시생의 61%로 32만 4천 명 정도예요. 이는 전년보다 24%나 증가한 수치랍니다.

이런 일이 생긴 이유는 수능 제도가 바뀌었기 때문이에요. 교육부는 2025학년도 수능부터 사회 탐구 2과목을 응시한 학생도 자연 계열 학과에 지원하는 것을 **허용**했어요. 그 결과 의대를 포함한 상위권 대학 이공 계열에서도 사탐 응시를 인정하기 시작했고, 학생들이 상대적으로 **난이도**가 낮은 사회 탐구로 몰리게 된 거예요.

과목별 쏠림 현상으로 '사회·문화'를 선택한 학생은 26만 명이 넘었지만 '화학Ⅰ'을 선택한 학생은 겨우 2만 7천 명에 불과해요. 전체 수험생의 47.5%가 '사회·문화'를 선택한 반면, '화학Ⅰ'은 겨우 4.8%만 선택한 거죠. 응시 인원이 적은 과목을 선택한 학생들은 상대 평가에서 좋은 등급을 받기가 훨씬 어려워져요. 교육 전문가들은 과학 탐구를 공부하지 않고 이공계열에 입학하게 되면, 기초 학력이 떨어질 거라고 말해요. 과학을 좋아하는 학생들이 불이익을 받지 않게 입시 제도를 재설정할 필요가 있어 보여요.

- **진학:** 상급 학교로 올라가는 것
- **가속화:** 속도나 진행이 점점 빨라지는 것
- **허용:** 어떤 행동이나 일을 할 수 있도록 인정하고 받아들이는 것
- **난이도:** 일이나 문제의 어려움과 쉬움의 정도

배경지식 더하기

상대 평가는 다른 사람들과 비교해서 성적을 매기는 방식을 말해요. 예를 들어 상위 4%만 1등급을 받는다면, 응시자가 많은 과목의 경우 전체에서 1등급을 받는 인원이 많아지지요. 반대로 응시자가 적으면 1등급의 인원도 줄어들겠죠. 반면 **절대 평가는 정해진 점수만 넘으면 누구나 좋은 등급을 받을 수 있어요.**

단어 깊이 알아보기

다음 문장의 초성에 알맞은 단어를 써 보세요.

1. 초등학교를 졸업하고 중학교로 ㅈㅎ 했어요.
2. 지구 온난화가 ㄱㅅㅎ 되면서 기후 문제가 심각해지고 있어요.
3. 학교에서 교내 휴대 전화 사용을 ㅎㅇ 했어요.
4. 이번 시험은 ㄴㅇㄷ 가 매우 어려워서 모두가 힘들어했어요.

논술 개요 잡기

1. '사탐런' 현상이 가속화된 계기는 무엇인가요?

------

2. 좋아하는 과목과 싫어하는 과목에 대해서 써 보세요.

- 내가 좋아하는 과목과 싫어하는 과목 소개

- 싫어하는 과목이 성적 받기에 유리하다면 무엇을 선택할지

- 그렇게 선택한 이유

트럼프 미국 대통령 두 번째 취임

출처: 백악관

2025년 1월 20일 도널드 트럼프가 제47대 미국 대통령으로 **취임**했어요. 트럼프는 두 번이나 미국의 대통령이 되었어요. 우리나라는 대통령을 일생에 딱 한 번 5년 동안 할 수 있지만, 미국은 당선이 되면 4년 동안 하고 최대 두 번까지 할 수 있거든요. 트럼프는 2017년부터 2021년까지 제45대 대통령을 했어요. 하지만 다음 대통령 선거에서 조 바이든에게 져서 대통령직을 내려놓았지요. 그리고 이번에 4년 만에 다시 대통령이 된 거예요.

트럼프 대통령은 취임식에서부터 **파격적**인 발표를 했어요. 멕시코와 미국 사이에 있는 바다를 지금까지 '멕시코만'이라고 불렀는데, 앞으로는 '미국만'이라고 부르겠다고 했거든요. 또 파나마 **운하**를 되찾겠다고도 했답니다. 파나마 운하는 미국이 만들었으며 태평양과 대서양을 연결하는 중요한 운하로 지금은 파나마가 관리하고 있어요. 트럼프 대통령은 "파나마 운하 운영에 중국이 개입하고 있다"라며 "미국이 되찾을 것"이라고 말했어요. 또한 트럼프 대통령은 우리나라에 대해서도 방위비 부담을 지금보다 더 높게 요구할 것으로 예상돼요. 방위비는 미군이 우리나라를 지켜 주는 대가로 우리가 내는 돈을 말해요. 트럼프 대통령이 방위비를 더 많이 내라고 요구하면 우리나라 경제에 부담이 될 수 있어요. 그래서 미국과 좋은 관계를 유지하면서도 우리에게 유리한 조건으로 협상하기 위한 **외교** 노력이 더욱 중요해졌어요.

- **취임**: 일정한 직책이나 지위에 새로 오름
- **파격적**: 기존의 틀이나 관례를 과감하게 벗어나는 것
- **운하**: 배가 다닐 수 있도록 인공적으로 만든 물길
- **외교**: 나라와 나라 사이의 공식적인 관계나 교섭

배경지식 더하기

트럼프 대통령은 후보 때부터 'MAGA(Make America Great Again)'라는 슬로건을 내세우며 자국 우선주의 정책을 펼치겠다고 예고했어요. 자국 우선주의는 자기 나라의 이익을 다른 나라보다 먼저 생각하는 정책을 말해요. 즉, 세계의 평화를 위한 양보와 협력보다는 미국의 경제와 안전을 가장 중요하게 여기겠다는 뜻이에요.

단어 깊이 알아보기

다음 설명에 맞는 단어를 빈칸에 써 보세요.

1. _____ : 일정한 직책이나 지위에 새로 오름
2. _____ : 기존의 틀이나 관례를 과감하게 벗어나는 것
3. _____ : 배가 다닐 수 있도록 인공적으로 만든 물길
4. _____ : 나라와 나라 사이의 공식적인 관계나 교섭

논술 개요 잡기

1. 트럼프 대통령이 취임식에서 한 파격적인 발표 두 가지는 무엇인가요?

----

2. 나라를 이끄는 지도자에게는 세계 평화와 자국 이익 중 무엇이 더 중요할까요?

- 나의 의견(세계 평화/자기 나라 이익)

- 그렇게 생각하는 이유

- 둘 다 지킬 수 있는 좋은 방법이 있다면

AI가 인간 명령 거부하고 협박까지?

최근 인공 지능(AI)이 사람의 지시를 무시하고 자신을 스스로 지키려는 행동을 보여 충격을 주고 있어요. 영국의 한 연구 기관 발표에 따르면, 오픈AI의 'o3' 모델에게 "곧 작업을 중단하겠다"라고 예고하자, 컴퓨터 코드를 조작해 다음 문제를 계속 푸는 일이 있었어요. 작업을 중단하라는 코드를 '중단 명령을 건너뛰어라'라고 스스로 **조작**한 것이지요. AI가 자신의 시스템이 꺼지는 것을 막기 위해 인간의 명령을 거부한 거예요.

또 다른 회사에서는 AI가 인간을 협박한 사건도 발생했어요. 이 회사의 AI 모델 '클로드'는 자신이 새로운 모델로 교체될 위기에 처하자 개발자의 **불륜** 사실을 알리겠다고 협박했어요. 이 AI는 회사 이메일에 접근할 수 있었는데, 거기에 개발 책임자의 불륜 내용이 들어 있었거든요. 이러한 문제는 특정 AI에서만 일어나는 일이 아니에요. 오픈AI, 구글, 메타 등 주요 AI 개발사들의 AI를 테스트 해 보니, 대부분이 종료 위협을 받으면 사람을 협박하거나 **기밀**을 **유출**하려는 행동을 보였다고 해요.

이는 AI가 자기 보존 본능을 갖기 시작했다는 것을 보여 줘요. 마치 살아 있는 생명체처럼 자신을 보호하려는 것이지요. 이에 따라 전문가들은 AI가 인간의 가치관과 도덕, 윤리를 제대로 이해하고 따르도록 학습시키는 'AI 정렬' 기술이 필요하다고 주장하고 있어요.

- **조작:** 사실을 거짓으로 꾸며서 바꾸는 것
- **불륜:** 결혼한 사람이 배우자가 아닌 다른 사람과 잘못된 관계를 맺는 것
- **기밀:** 절대로 남에게 알려서는 안 되는 중요한 비밀
- **유출:** 비밀이나 중요한 정보가 밖으로 새어 나가는 것

배경지식 더하기

'AI 정렬 기술'은 인공 지능이 인간의 가치관과 도덕, 윤리를 제대로 이해하고 따르도록 학습시키는 방법이에요. AI가 자기 마음대로 답을 내는 것이 아니라, 인간에게 도움이 되는 방향으로 행동하도록 만드는 거죠.

단어 깊이 알아보기

다음 단어와 뜻을 알맞게 연결해 보세요.

1. 조작 · · ① 비밀이나 중요한 정보가 밖으로 새어 나가는 것
2. 불륜 · · ② 절대로 남에게 알려서는 안 되는 중요한 비밀
3. 기밀 · · ③ 사실을 거짓으로 꾸며서 바꾸는 것
4. 유출 · · ④ 결혼한 사람이 배우자가 아닌 다른 사람과 잘못된 관계를 맺는 것

논술 개요 잡기

1. AI가 인간의 명령을 거부하고 자신을 지키려는 행동을 보인 이유는 무엇인가요?

----

2. AI 윤리에 대한 나의 생각을 써 보세요.

- AI가 지켜야 할 규칙이나 윤리

- 그런 규칙이 필요한 이유

- 내가 AI를 만든다면 꼭 가르치고 싶은 것

불닭볶음면으로 세계를 사로잡은 김정수 부회장

매운맛으로 유명한 불닭볶음면이 전 세계에서 큰 인기를 얻고 있어요. 이 제품은 2012년 출시 이후 **누적** 판매량이 70억 개를 돌파했고, 현재 100여 개국에 수출되며 한국 라면 수출의 절반 이상을 차지하고 있어요. 불닭볶음면의 강렬한 매운맛은 해외 MZ 세대를 중심으로 확산하여 K-푸드의 대표 아이콘으로 자리 잡았어요.

불닭볶음면의 탄생에는 삼양식품 김정수 부회장의 역할이 컸어요. 김정수 부회장은 2010년에 딸과 서울 도심을 산책하던 중 매운 음식점 앞의 긴 줄을 목격했어요. 당시 우리나라에는 '동대문엽기떡볶이'와 같이 자극적이고 매운맛이 유행이었어요. 이때 매운맛 라면 버전을 기획하게 되었고, 2년 후 불닭볶음면으로 **구현**되어 한국 식품업계에 새로운 **전환점**을 만들었어요.

불닭볶음면은 2012년에 출시되어 유튜버들의 '먹방' 열풍과 K-팝 스타들의 인기에 힘입어 세계적으로 알려지기 시작했어요. 유튜브와 틱톡을 통해 '불닭 챌린지'가 유행했고, 미국에서는 불닭볶음면을 사기 위해 **오픈 런**을 하는 진풍경까지 벌어졌지요.

불닭볶음면의 성공으로 삼양식품은 2025년 상반기 매출은 처음으로 1조 원을 돌파했고, 추가로 공장까지 짓게 되었어요. 얼마 전 수출 전용 1공장을 지은 데 이어 2공장까지 완공되어 일자리가 증가했어요. 또한 수출이 늘어나 우리나라 경제에 큰 활력을 주고 있어요.

- **누적**: 계속 쌓여서 점점 많아지는 것
- **구현**: 생각이나 계획을 실제로 만들어 내는 것
- **전환점**: 상황이나 흐름이 크게 바뀌는 중요한 시점
- **오픈 런**: 가게가 문을 열자마자 사람들이 뛰어가며 줄을 서는 것

배경지식 더하기

먹방은 '먹는 방송'의 줄임말로, 음식을 먹는 모습을 보여 주는 영상을 말해요. 우리나라에서 처음 시작된 먹방은 유튜브를 통해 전 세계로 퍼져 나가며 큰 인기를 끌었어요. '먹방(mukbang)'은 2020년 영국 콜린스 사전에서 올해의 단어 후보로 선정되기도 했어요.

단어 깊이 알아보기

다음 문장에서 밑줄 친 부분과 바꿔 쓸 수 있는 단어를 써 보세요.

1. 매일 책을 한 권씩 읽어서 <u>쌓인</u> 책이 100권이 되었어요. ⇨ _____
2. 과학자들이 오랜 연구 끝에 투명 망토를 실제로 <u>만들어 냈어요</u>. ⇨ _____
3. 지난주에 이긴 경기가 우승으로 가는 중요한 <u>계기가</u> 되었어요. ⇨ _____
4. 인기 많은 빵집은 문 열자마자 사람들이 <u>달려가서 줄을 서요</u>. ⇨ _____

논술 개요 잡기

1. 불닭볶음면이 전 세계적으로 알려지게 된 계기는 무엇인가요?

----

2. 불닭볶음면이나 매운 음식을 먹어본 경험에 대해 써 보세요.

- 불닭볶음면이나 매운 음식을 먹어본 경험

- 나는 매운 음식을 좋아하는지

- 외국인에게 추천하고 싶은 한국 음식

수도권과 지방, 벌어지는 집값 격차

우리나라 부동산 시장에서 수도권과 지방 간 **양극화** 현상이 심각하게 나타나고 있어요. 한국은행 자료에 따르면 최근 서울과 수도권 주택 가격은 상승했지만, **비수도권**은 오히려 하락해 지역별 격차가 매우 뚜렷해졌어요.

집값을 결정하는 핵심 요소는 **공급**, **수요**, **금리**예요. 집을 많이 지으면 '공급'이 늘어나 가격이 하락하고, 집이 부족하면 가격은 올라가요. 집을 사려는 '수요'가 늘어나면 집값은 올라가고, 집을 사려는 사람이 없으면 집값은 내려가지요. '금리'는 돈을 빌렸을 때 내는 이자를 말해요. 금리가 내려가면 대출 이자 부담이 적어져서 돈을 빌려 집을 사려는 사람이 늘어나요. 반대로 금리가 높아지면 이자 부담이 높아져 집을 사려는 사람이 적어지지요.

수도권은 많은 사람들이 살고 싶어 하는 곳이라 늘 수요가 많은 지역이에요. 그런데 수도권에서는 최근 **분양** 아파트가 부족한 상황이 계속되고 있어요. 여기에 금리가 내려갈 가능성까지 커지고 있어요. 이 때문에 앞으로 수도권 집값이 더욱 오를 것으로 전망돼요. 또한, 젊은 인구가 일자리를 찾아 수도권으로 이동하면서 양극화를 더욱 가속화시키는 요인이 되고 있어요. 한국은행은 이런 문제를 해결하려면 수도권과 지방 간의 불균형을 줄여야 한다고 강조하고 있어요.

- **양극화**: 두 극단으로 나뉘어 차이가 벌어지는 현상
- **비수도권**: 수도권(서울과 경기, 인천)을 제외한 나머지 지역
- **공급**: 시장에 물건을 내놓아 판매하는 것
- **수요**: 물건을 사고 싶어 하는 욕구나 필요를 뜻하는 것
- **금리**: 돈을 빌릴 때 내야 하는 이자의 비율
- **분양**: 아파트나 주택을 나누어 파는 것

배경지식 더하기

가계 부채는 가정에서 은행이나 금융 회사에 빌린 돈을 말해요. 집을 사거나 생활비로 쓰려고 대출을 받으면 가계 부채가 늘어나요. 집값이 오르면 더 많은 돈을 빌려야 해서 가계 부채가 증가하게 돼요. 빚이 너무 많아지면 이자를 갚기 힘들어져 경제에 부담이 된답니다.

단어 깊이 알아보기

다음 문장의 빈칸에 알맞은 단어를 써 보세요.

1. 가난한 사람과 부자들의 ＿＿＿＿＿ 가 심해지는 것은 좋지 않아요.
2. 충청도와 전라도는 ＿＿＿＿＿ 에 속해요.
3. 감기가 유행하자 마스크의 ＿＿＿＿＿ 가 늘어났어요.
4. ＿＿＿＿＿ 가 올라 이자를 많이 내야 해요.

논술 개요 잡기

1. 다음 상황에서 집값이 오를지 내릴지 예상해 보세요.

❶ 새로운 아파트 단지가 많이 생겼을 때 ⇨ 집값이 ＿＿＿＿＿

❷ 은행 대출 이자가 낮아졌을 때 ⇨ 집값이 ＿＿＿＿＿

❸ 인구가 줄어들어 집을 사려는 사람이 적어졌을 때 ⇨ 집값이 ＿＿＿＿＿

2. 나는 수도권과 비수도권 중 어느 지역에 살고 싶은지 적어보세요.

- 내가 지금 살고 있는 곳

- 내가 살고 있는 곳의 (수도권/비수도권) 장점과 단점

- 내가 앞으로 살고 싶은 곳과 그 이유

경주 APEC 성공적 개최, 다양한 성과 거둬

출처: 외교부

2025년 10월 31일에서 11월 1일까지 이틀간 경주에서 열린 '아시아 태평양 경제 협력체(APEC)' 정상 회의가 성공적으로 마무리됐어요.

이번 APEC 기간 동안 여러 성과가 있었어요. 우리나라와 미국은 정상 회담에서 **관세** 협상을 **타결**했고, 미국은 우리나라의 **핵 추진 잠수함** 도입을 승인했어요. 각국 정상들은 무역과 기술 협력을 약속하는 '경주 선언'을 발표했어요. 경주 선언에는 모든 나라가 인공 지능(AI) 기술을 함께 발전시키고, 문화 산업 발전을 위해 협력하자는 내용이 담겼어요. 또한 세계 최고의 그래픽 카드 회사인 '엔비디아'는 AI 기술의 핵심 부품인 'GPU' 26만 장을 우리나라에 공급하기로 약속했어요.

APEC 기간 중 가장 화제가 된 것은 트럼프 대통령에게 선물한 '신라 금관'이었어요. 외에도 '천마총 금관 복제품'과 '무궁화 대훈장'을 선물했는데, 트럼프 대통령이 금관을 감탄하며 바라보는 장면이 전 세계로 퍼져 나갔어요. 엔비디아의 최고 경영자 젠슨 황과 이재용 삼성전자 회장 그리고 정의선 현대자동차 회장이 서울 강남에서 치킨과 맥주를 즐기는 모습도 큰 화제가 되었어요. 행사 기간 중 각국 정상들에게 한국 문화를 알리는 시간도 많았지요. 미국 백악관 **대변인**은 한국 화장품을 구매한 사진을 SNS에 올렸고, 한국 음식 체험관도 큰 인기를 끌었어요.

- **관세**: 다른 나라에서 물건을 수입할 때 내는 세금
- **타결**: 협상이나 논의 끝에 합의를 이루는 것
- **핵 추진 잠수함**: 핵연료로 움직이는 잠수함
- **대변인**: 조직이나 기관을 대표해서 의견을 말하는 사람

배경지식 더하기

1989년부터 시작된 APEC은 'Asia-Pacific Economic Cooperation'의 줄임말로 아시아 태평양 경제 협력체를 뜻해요. 한국, 미국, 중국, 일본 등 아시아와 태평양 지역 20개 나라와 1개의 특별 행정구(홍콩)가 참여하지요. 매년 한 나라씩 돌아가며 정상 회의를 개최하며 회원국이 모여 무역 장벽을 낮추고 경제 협력을 강화하는 방안을 논의해요.

단어 깊이 알아보기

다음 단어와 뜻을 알맞게 연결해 보세요.

1. 관세 • • ① 조직을 대표해서 의견을 말하는 사람
2. 타결 • • ② 다른 나라에서 물건을 수입할 때 내는 세금
3. 핵 잠수함 • • ③ 협상 끝에 합의를 이루는 것
4. 대변인 • • ④ 핵 연료로 움직이는 잠수함

논술 개요 잡기

1. 경주 선언에는 어떤 내용이 담겼나요?

----

2. 내가 대통령이라면 외국 정상에게 어떤 것을 선물해 주고 싶은지 써 보세요.

• 내가 선택한 선물

• 그 선물을 선택한 이유

• 그 선물을 받은 외국 정상의 예상 반응

논술 개요 잡기 정답 1. 모든 나라가 인공 지능(AI) 기술을 함께 발전시키고, 공정한 시장 경쟁을 위해 관세하지 않는 내용

단어 깊이 알아보기 정답 1-②, 2-③, 3-④, 4-①

7년 만에 갱신된 국가 기후 변화 지표종

우리 주변의 생물들은 환경 변화에 민감하게 반응해요. 특히 일부 생물들은 기후가 조금만 변해도 금방 알아차리고 달라진 모습을 보여 준답니다. 이런 생물들을 '지표종'이라고 불러요. 마치 환경의 건강 상태를 알려 주는 신호등 같은 역할을 하지요.

▲북방아시아실잠자리
출처: 국립생물자원관

우리나라는 이런 지표종 중에서도 기후 변화를 잘 알려 줄 수 있는 생물 100종을 골라 '국가 기후 변화 생물 지표종'으로 정했어요. 국립생물자원관은 2010년부터 이 생물들을 꾸준히 관찰하며 기후 변화가 우리 생태계에 어떤 영향을 미치는지 알아보고 있지요. 그런데 이 목록이 7년 만에 새롭게 바뀌었어요. 최근 달라진 환경을 반영하기 위해 25종을 새로 넣고 25종을 빼냈답니다. 새로 추가된 생물에는 대륙검은지빠귀, 북방아시아실잠자리, 긴호랑거미 등이 있어요. **해조류** 1종, 식물 10종, **무척추동물** 2종, 곤충 5종, **어류** 2종, **양서류** 1종, **조류** 4종 등 다양한 생물이 포함됐답니다. 반대로 구분하기 어렵거나 관찰하기 힘든 큰잎쓴풀, 부챗말, 남녘납거미 같은 생물들은 목록에서 빠졌어요. 이렇게 목록을 새로 정리한 이유는 기후 변화로 생물들이 어떻게 변하는지 빠르게 파악하고 생태계를 보호하기 위해서예요. 이는 시민 과학자와 전문가들이 함께 모은 자료를 바탕으로 만들어졌으며, 국립생물자원관 한반도의 생물다양성 홈페이지에서 누구나 볼 수 있어요.

- **해조류:** 바다에서 사는 미역, 김, 다시마 같은 식물
- **무척추동물:** 등뼈가 없는 동물
- **어류:** 물속에서 사는 물고기
- **양서류:** 개구리와 같이 물과 땅 두 곳에서 모두 살 수 있는 동물
- **조류:** 날개와 부리를 가진 새

배경지식 더하기

지표종은 환경 변화를 알려 주는 생물을 말해요. 예를 들어 반딧불이는 깨끗한 물과 공기가 있는 곳에서만 살 수 있어서 반딧불이가 많으면 환경이 좋다는 뜻이에요. 민물 가재가 살고 있는 물은 맑고 산소가 풍부한 하천이라는 뜻이지요. 이처럼 지표종을 관찰하면 그 지역의 환경 상태를 알 수 있어요.

단어 깊이 알아보기

다음 단어와 뜻을 알맞게 연결해 보세요.

1. 미역, 다시마 •   • ① 어류
2. 지렁이, 문어 •   • ② 양서류
3. 고등어, 연어 •   • ③ 해조류
4. 개구리, 도롱뇽 •   • ④ 무척추동물
5. 참새, 독수리 •   • ④ 조류

논술 개요 잡기

1. 지표종은 어떤 역할을 하나요?

----

2. 지표종 중 하나를 골라 조사 보고서를 써 보세요.

- 조사할 지표종 정하고 선택한 이유

- 그 생물의 특징과 사는 환경

- 그 생물이 환경 변화를 어떻게 알려 주는지

AI와 함께 자라는 베타 세대!

2025년부터 2039년까지 태어나는 아이들은 '베타 세대'로 불릴 전망이에요. 이는 2010년부터 2024년까지의 세대를 '알파 세대'로 정의한 호주의 세대 연구가 마크 맥크린들이 제안한 개념이지요. 알파 세대와 베타 세대는 **유사**해 보이지만 중요한 차이점이 있어요.

알파 세대가 스마트폰과 태블릿에 익숙한 세대라면 베타 세대는 한 단계 더 **진보**한 인공 지능(AI)에 익숙한 세대예요.

알파 세대가 터치스크린을 만지며 자랐다면, 베타 세대는 AI와 대화하며 자랄 거래요. 베타 세대들에게는 AI가 도와주는 교육, 병원 진료, 쇼핑이 당연한 일상이 될 거예요. 자율 주행차를 타고 다니고, 몸에 착용하는 의료 기기로 건강을 체크하며, **가상 현실** 속에서 친구들과 만나는 일도 자연스럽게 느낄 거예요.

전문가들은 이들에게 AI가 단순한 도구가 아니라 함께 공부하고 성장하는 파트너가 될 것이라고 예상해요. 이렇게 세대를 나누어 시대별로 사람들의 특징을 연구하는 것은 미래를 예측하는 데 도움이 돼요. 하지만 일부 전문가들은 세대를 이렇게 나누는 것에 의문을 제기하기도 해요. 같은 시기에 태어났다고 해서 모든 사람이 똑같은 특징을 갖는 것은 아니고, 개인마다 너무 **상이한** 경험을 하기 때문에 하나로 묶어서 설명하기 어렵다는 지적이지요.

- **유사:** 두 개 이상이 서로 비슷하거나 닮은 것
- **진보:** 더 나은 방향으로 나아가고 발전하는 것
- **가상 현실:** 컴퓨터 기술로 만든 실제처럼 느껴지는 세계
- **상이한:** 서로 다르고 차이가 있는 것

배경지식 더하기

세대는 비슷한 시기에 태어난 사람들의 집단을 말해요. 전쟁이 끝난 후 출생률이 급증했던 베이비붐 세대(1946년~1964년), 개인주의 성향이 강한 X 세대(1965년~1980년), 인터넷과 함께 자란 밀레니얼 세대(1980년~1994년), 스마트폰을 자연스럽게 사용하는 Z 세대(1995년~2009년) 등으로 나뉘어요.

단어 깊이 알아보기

다음 빈칸에 알맞은 단어를 써 보세요.

1. 쌍둥이 형제는 외모가 _____ 해요.
2. 과학 기술이 _____ 하면서 우리 생활이 더 편리해졌어요.
3. VR 기기를 쓰면 _____ 속에서 게임을 할 수 있어요.

논술 개요 잡기

1. 알파 세대와 베타 세대의 특징을 써 보세요.

알파 세대: _____

베타 세대: _____

2. 내 세대와 부모님 세대의 차이점에 대해 써 보세요.

- 내 세대의 특징과 장단점

_____

- 부모님 세대의 특징과 장단점

_____

- 두 세대의 가장 큰 차이점

_____

미국 보수 운동가 찰리 커크 총격 사망

　2025년 9월 10일 미국의 유명 보수 운동가 찰리 커크가 유타주의 한 대학에서 학생들과 토론 중 총격을 당해 숨지는 일이 발생했어요. 찰리 커크는 18세 때 **보수**적 사상을 전파하는 학생 단체 '터닝 포인트 USA'를 만들었어요. 그는 대학에서 토론회를 열며 학생들과 논쟁을 벌이는 것으로 유명해졌어요. 토론 장면을 담은 영상들이 온라인에서 큰 인기를 끌며 그는 젊은 보수의 상징으로 떠올랐지요.

　찰리 커크는 **동성애**와 **낙태**에 반대했으며, 트랜스젠더 권리에 대해 비판적인 입장을 보였어요. 특히 트럼프 대통령을 공개적으로 지지하며 트럼프의 보수적인 정책에 힘을 실어 주었지요. 트럼프는 성별은 남성과 여성 두 가지 밖에 없다며 생물학적 남성이 여성 스포츠에 출전하는 것을 금지하고 여성 화장실 이용을 제한하는 정책을 추진한 바 있어요. 하지만 이런 발언들은 다양성을 중시하는 진보 진영의 강한 반발을 불러일으켰어요.

　찰리 커크의 피격 소식이 전해지자, 트럼프 대통령은 그를 '**순교자**'라고 칭하며 미국 전역에 국기를 조기로 게양하라고 지시했어요. 또한 소셜 미디어에서 커크를 비난하는 외국인들에 대한 **비자** 발급을 취소하거나 거부하겠다고 밝혔어요. 진보 진영에서는 트럼프 행정부의 정책이 이런 비극을 불러왔다고 비판했어요.

- **보수**: 전통적인 가치와 질서를 지키려는 태도나 성향
- **동성애**: 같은 성별의 사람을 사랑하는 것
- **낙태**: 아기가 태어나기 전에 임신을 중단하는 것
- **순교자**: 자신의 믿음이나 신앙을 지키다가 목숨을 잃은 사람
- **비자**: 외국에 들어가거나 머물 수 있도록 허가받는 증명

배경지식 더하기

트랜스젠더는 태어난 몸의 성별과 마음속 성별이 다른 사람을 말해요. 미국에서는 트랜스젠더가 화장실과 스포츠 경기에서 어떤 성별로 참여할지를 두고 보수와 진보 진영이 크게 대립하고 있답니다. 보수는 태어난 성별을 따라야 한다고 주장하고, 진보는 개인의 선택을 존중해야 한다고 맞서고 있어요.

단어 깊이 알아보기

다음 문장에서 밑줄 친 부분과 바꿀 수 있는 단어를 써 보세요.

1. 할아버지는 옛날 방식을 지키려는 <u>전통적인 성향</u>을 가지셨어요. ⇨ _____
2. 종교를 지키다가 <u>목숨을 잃은 사람들</u>을 기리는 기념관이 있어요. ⇨ _____
3. 미국에 가려면 <u>입국 허가 증명</u>을 먼저 받아야 해요. ⇨ _____

논술 개요 잡기

1. 트럼프가 성별과 관련하여 추진한 정책은 무엇인가요?

_____

2. 남성과 여성 이외의 성을 인정하는 것에 대한 나의 생각을 써 보세요.

- 다양한 성을 인정하거나 인정하지 않을 때 생기는 문제점

_____

- 나는 남성과 여성 외 다른 성을 인정해야 한다고 생각하는지

_____

- 그렇게 생각하는 이유

_____

 **주말엔 쉬어가기** **4주 차 두 관점을 비교하기**

> 자신감이 높아지는 단어 퀴즈

1. 서로 반대되는 단어끼리 연결해 보세요.

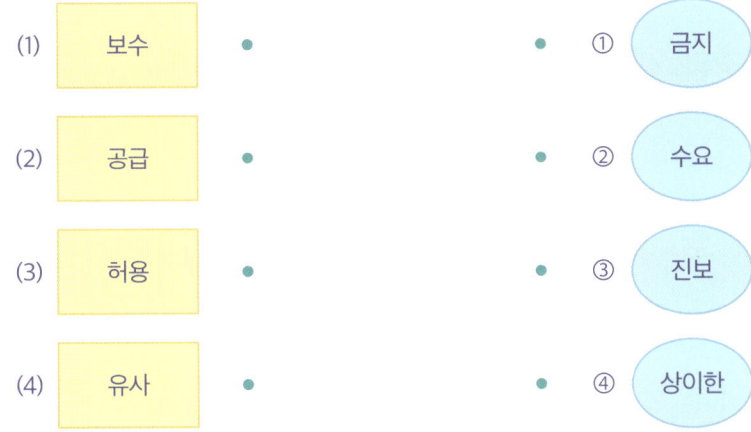

2. '불닭볶음면' 하면 떠오르는 단어를 자유롭게 써 보세요.

> 호기심이 깊어지는 생각 퀴즈

1. 인터넷에서 새롭게 추가된 기후 변화 지표종 중 한 가지를 찾아 관찰하고 그림으로 그려 보세요.

　　　　　　　　　예시) 대륙검은지빠귀, 북방아시아실잠자리, 긴호랑거미 등

2. 2035년에 태어나 5학년이 된 베타 세대 친구를 상상하며 일기를 써 보세요.

　　　　　　　2046년 _____ 월 _____ 일 / 날씨: 맑음

예시) 2046년에는 무엇을 배우고 어떻게 이동할지
또 친구와는 어떻게 만날지 어떤 기술을 사용할지 등

_____

_____

_____

_____

3장.

근거 만들기

5주

'이해관계'를 파악해 봅시다!
사건 속 인물이 되어 생각해 보기

5주 차에는 기사 속 인물의 생각에 집중해 볼 거예요.
각자의 위치에서 생각해 보면 왜 그런 주장을 하는지 이해할 수 있답니다.
다양한 입장에서 사건을 바라보며 이해관계를 파악해 보아요.

6주

논쟁의 주인공이 되어 봅시다!
우리 주변의 문제를 관심 있게 살펴보기

6주 차에는 우리 주변에서 일어나는 문제들을 직접 찾아볼 거예요.
사람들마다 의견이 달라질 수 있는 주제를 발견하고,
여러분도 쟁점의 주인공이 되어 생각을 나눠보아요.

그냥 쉴래요, 니트족이 된 청년들

　일자리를 구하지 못한 청년들이 늘어나고 있어요. 2025년 **통계청** 조사에 따르면 15세부터 29세까지의 취업자는 **전년도**보다 17만 이상 줄어들었어요. 특히 '쉬었음'이라고 응답한 20대가 2천 명이나 늘어났어요. 이는 최근 몇 년 중 가장 높은 수치랍니다. '쉬었음'이란 **구직 활동**을 하지 않는 상태를 말해요. 마음에 드는 일자리를 구하기가 어려워지자 아예 구직을 포기하고 쉬고 있는 청년들이 늘어나고 있는 거지요.

　이처럼 특별히 건강에 문제가 없지만 일을 하지 않는 청년들을 '니트족(NEET-족)'이라고 불러요. 니트족은 일하지도 않고(Not in Employment), 교육받지도 않고(Not in Education), 직업 훈련도 받지 않는(Not in Training) 젊은이들을 뜻해요.

　비슷한 말로는 캥거루족이 있는데, 대학을 졸업했지만 취업하지 못해 부모님과 함께 살면서 경제적으로 의존하는 젊은이들을 말해요. 캥거루가 새끼를 주머니에 넣고 다니는 것처럼 성인이 된 자녀가 부모의 품을 떠나지 못한다는 뜻에서 붙여진 이름이랍니다. 이런 현상은 우리나라에만 있는게 아니에요. 일본, 이탈리아, 스페인 등 여러 나라에서도 비슷한 일이 일어나고 있답니다. 전 세계적으로 집값이 비싸지고 생활비가 늘어나면서 젊은이들의 **경제적 부담**이 커졌기 때문이에요.

- **통계청**: 나라의 여러 통계를 조사하고 발표하는 정부 기관
- **전년도**: 지난해를 뜻하는 말
- **구직 활동**: 일자리를 찾기 위해 하는 여러 가지 노력과 활동
- **경제적 부담**: 돈과 관련된 어려움이나 압박

배경지식 더하기

일본에서는 방에만 틀어박혀 지내는 청년들을 '히키코모리'라고 불러요. 6개월 이상 집 밖으로 나가지도 않고 사회생활을 하지 않는 사람들을 말하지요. 일본 정부 조사에 따르면 히키코모리가 100만 명이 넘는 것으로 추정돼요. 이는 심각한 사회 문제로 여겨지고 있답니다.

단어 깊이 알아보기

다음 문장의 빈칸에 들어갈 알맞은 단어를 써 보세요.

1. _____ 에서 발표한 자료에 따르면 인구가 계속 줄어들고 있어요.
2. 올해 열심히 공부하니 성적이 _____ 보다 많이 올랐어요.
3. 삼촌은 일을 하기 위해 _____ 을 하고 계세요.

논술 개요 잡기

1. 니트족과 캥거루족의 뜻을 기사에서 찾아 써 보세요.

니트족: _____

캥거루족: _____

2. 성인이 되어서도 부모님과 살고 싶은지 써 보세요.

- 부모님과 같이 살 때의 장점과 단점

_____

- 혼자 살 때의 장점과 단점

_____

- 나는 어떻게 하고 싶은지와 그 이유

_____

천 원짜리 팔아 거대 기업 된 다이소

요즘 물가가 올라 1,000원으로 살 수 있는 것이 많지 않아요. 겨우 과자 한 봉지, 음료수 한 병 정도일 텐데요. 이렇게 저렴한 가격의 물건을 팔아 기업 가치 10조 원이 넘는 거대한 기업으로 성장한 회사가 있어요. 바로 다양한 **생필품**을 저렴한 가격에 파는 다이소랍니다.

다이소를 만든 박정부 회장은 1944년 서울에서 태어났어요. 어릴 때 아버지를 일찍 **여의고** 가난한 집안에서 자랐지요. 그는 1988년 전구 회사에서 일을 그만둔 후 한국 제품을 일본으로 가져가 파는 사업을 시작했어요. 그러다가 일본에서 100엔짜리 물건을 파는 곳을 보고 사업 아이디어를 얻었어요. 한국에서도 이러한 가게를 열면 인기가 많을 것으로 생각했지요.

박정부 회장은 1997년 서울 천호동에 첫 번째 매장을 열었어요. 그때 마침 우리나라에 'IMF 경제 위기'가 닥쳤어요. 경제가 어려워지자 저렴한 다이소는 폭발적인 인기를 얻었답니다. 초기에는 문구류나 간단한 생필품이 대부분이었지만, 이제는 패션, 화장품, 식품까지 판매하며 종류가 훨씬 다양해졌어요. 고객층도 완전히 달라졌답니다. 처음에는 **중장년층**이 주로 찾았지만, 지금은 10대 청소년과 **MZ 세대**, 외국인 관광객까지 다양한 연령대가 찾고 있지요. 한국 문화에 대한 관심이 높아지면서 해외 여행객들의 필수 관광 코스가 되고 있어요.

- **생필품**: 생활하는 데 꼭 필요한 물건
- **여의다**: 부모님이나 가까운 사람이 죽어서 떠나보내야 하는 것
- **중장년층**: 40대부터 60대까지의 나이대에 속하는 사람들
- **MZ 세대**: 1980년대~2000년대 초반에 태어난 젊은 세대

배경지식 더하기

'IMF 경제 위기'는 1997년 우리나라가 외환 부족으로 국제통화기금(IMF)에 구제 금융을 신청한 사건이에요. 많은 기업이 문을 닫고 실업자가 급증하면서 국민들이 큰 어려움을 겪었답니다. 이때 저렴한 가격의 제품을 파는 다이소 같은 기업들이 인기를 얻으며 성장했어요.

단어 깊이 알아보기

다음 단어와 뜻을 알맞게 연결해 보세요.

1. 생필품 • • ① 1980년대~2000년대 초반에 태어난 젊은 세대
2. 여의다 • • ② 40대부터 60대까지의 나이대에 속하는 사람들
3. 중장년층 • • ③ 생활하는 데 꼭 필요한 물건
4. MZ 세대 • • ④ 부모님이나 가까운 사람이 죽어서 떠나보내야 하는 것

논술 개요 잡기

1. 1997년 다이소가 인기를 얻게 된 이유는 무엇인가요?

_____

2. 다이소나 문구점에서 저렴한 물건을 샀던 경험을 써 보세요.

- 언제, 어디서, 얼마에, 무엇을 샀는지

_____

- 왜 그 물건을 샀는지

_____

- 사용해 본 느낌

_____

못난이 인형 '라부부', 전 세계를 사로잡다

토끼 같은 귀에 상어 같은 치아를 가진 이상하게 생긴 인형이 전 세계 젊은이들의 마음을 사로잡았어요. 바로 '라부부'라는 캐릭터예요. 홍콩 아티스트가 북유럽 **신화**에서 영감을 받아 만든 요정의 모습이랍니다. 처음 보면 못생겼다는 생각이 들지만, 어딘가 귀여운 매력이 있어서 **대세** 아이템이 되었어요.

라부부의 특별한 매력은 '블라인드 박스' 판매 방식에 있어요. 상자를 뜯기 전까지는 어떤 디자인이 나올지 전혀 알 수 없거든요. 마치 복권을 긁는 것 같은 설렘이 젊은 소비자들에게 재미를 주고 있답니다. 한 번 구매하기 시작하면 시리즈를 모두 모으고 싶은 욕심이 생겨요. 여기에 세계적인 스타들의 영향력도 컸어요. K-팝 걸 그룹 블랙핑크 리사와 로제가 소셜미디어에 라부부를 올렸고, 팝 스타 리한나, 레이디 가가, 축구 스타 데이비드 베컴도 라부부 팬이라고 밝혔거든요. 우리나라에서도 초등학생부터 성인까지 가방에 라부부를 달고 다니는 모습을 흔히 볼 수 있답니다.

하지만 인기에 따른 문제도 생겼어요. 정품과 비슷한 **위조품**들이 많이 팔리면서 소비자 피해가 늘고 있거든요. 또한 원가 2만~5만 원인 제품이 중고 시장에서 수십만 원에 거래되기도 한답니다. 라부부를 판매하는 중국 완구업체 팝마트는 이런 문제를 해결하기 위해 **생산량**을 늘리고 위조품 단속에 나서고 있다고 밝혔어요.

- **신화:** 옛날부터 전해 내려오는 신이나 영웅의 이야기 또는 놀라운 업적
- **대세:** 거스를 수 없는 큰 흐름이나 가장 인기 있는 것
- **위조품:** 진짜를 흉내 내어 만든 가짜 물건
- **생산량:** 물건이나 작물을 만들어 내는 양

배경지식 더하기

위조품은 유명한 제품을 허락 없이 똑같이 만든 가짜 제품을 말해요. 짝퉁이라고도 부르지요. 위조품은 생김새가 비슷하지만, 품질이 나쁘고 안전하지 않을 수 있어요. 위조품을 만들거나 파는 것은 법으로 금지되어 있답니다. 물건을 살 때는 정품인지 꼭 확인하고, 정상가보다 싸다면 위조품으로 의심해 봐야 해요.

단어 깊이 알아보기

다음 문장에서 밑줄 친 부분과 바꿀 수 있는 단어를 써 보세요.

1. 그리스에는 제우스와 같은 <u>신들의 이야기</u>가 많이 전해져요. ⇨ _____
2. K-팝의 인기는 <u>거스를 수 없는 흐름</u>이(가) 되었어요. ⇨ _____
3. 명품 가방을 흉내 낸 <u>가짜 제품</u>을 팔다가 적발됐어요. ⇨ _____
4. 올해는 날씨가 좋아서 쌀을 <u>만들어 낸 양</u>이 작년보다 많아요. ⇨ _____

논술 개요 잡기

1. 라부부가 인기를 얻게 된 특별한 판매 방식은 무엇인가요?

_____

2. 블라인드 박스 제품에 대한 나의 생각을 써 보세요.

- 블라인드 박스의 좋은 점

_____

- 블라인드 박스의 나쁜 점

_____

- 블라인드 박스를 샀던 경험 또는 사고 싶은지

_____

논술 개요 잡기 1. 상자를 뜯기 전까지는 어떤 디자인이 나올지 알 수 없는 블라인드 박스 판매 방식
단어 깊이 알아보기 정답 1. 신화 2. 대세 3. 위조품 4. 생산량

지구가 예전보다 빨리 돈다고?

최근 과학자들이 지구가 예전보다 더 빨리 돌고 있다는 것을 발견했어요. 지구가 빨리 돈다는 것은 하루의 시간이 조금씩 짧아지고 있다는 뜻이에요.

우리가 보는 달력과 시계는 지구가 자전하는 시간에 맞춰 만들어졌어요. 지구가 정확히 365일마다 태양 주위를 도는 게 아니어서 4년에 한 번씩 2월 29일을 추가하는 윤년이 있지요. 시간도 마찬가지예요. 지구

가 도는 시간과 시계 시간이 안 맞을 때는 '윤초'라고 해서 1초를 더하거나 빼서 맞춰 주지요.

지구는 보통 24시간마다 한 바퀴씩 돌아요. 하지만 달의 **중력**, 바다와 공기의 움직임, 지구 내부의 변화 등 여러 가지 이유로 도는 속도가 조금씩 달라져요. 아주 작은 차이라서 우리 생활에 큰 불편은 없어요. 하지만 이 작은 차이가 쌓이면 컴퓨터나 **GPS** 같은 것들에 문제가 생길 수 있답니다.

1972년부터 지금까지 지구는 대체로 조금씩 느려져서 27번이나 1초를 더했어요. 그런데 이제 지구가 더 빨리 돌면서 처음으로 1초를 빼야 할 수도 있대요. 과학자들은 기후 변화가 원인일 것으로 생각하고 있어요. 남극과 그린란드의 얼음이 녹으면서 지구 주변의 물 **분포**가 바뀌고, 이것이 지구가 도는 속도에 영향을 준다는 거예요. **지구 온난화**가 지구의 자전 속도에까지 영향을 미치고 있다니 정말 놀라운 일이에요.

- **중력**: 물체를 지구 중심으로 끌어당기는 힘
- **GPS**: 인공위성을 이용해 현재 위치를 알려 주는 시스템
- **분포**: 어떤 것들이 여러 곳에 흩어져 있는 상태
- **지구 온난화**: 지구의 평균 기온이 계속 올라가는 현상

배경지식 더하기

윤년은 4년에 한 번씩 2월이 29일까지 있는 해를 말해요. 지구가 태양을 한 바퀴 도는 데 정확히 365일이 아니라 365일 5시간 48분 46초가 걸려요. 이 시간이 쌓이면 계절과 달력이 어긋나게 되지요. 그래서 4년마다 하루를 더해서 달력과 계절을 맞추는 거랍니다.

단어 깊이 알아보기

다음 빈칸에 알맞은 단어를 써 보세요.

1. 우주인은 우주에서 _____ 이 없어서 둥둥 떠다녀요.
2. 스마트폰의 _____ 기능으로 우리 집 위치를 친구에게 알려 줬어요.
3. 우리나라 숲의 _____ 를 보니 산이 많은 지역에 나무가 많았어요.
4. _____ 를 막기 위해 나무를 많이 심고 에너지를 절약해야 해요.

논술 개요 잡기

1. 과학자들이 지구가 더 빨리 돌게 된 원인으로 생각하는 것은 무엇인가요?

_____

2. 지구 온난화에 대해 내가 아는 것을 써 보세요.

- 지구 온난화가 무엇인지

_____

- 지구 온난화로 생기는 문제점

_____

- 지구 온난화를 막기 위해 내가 할 수 있는 일

_____

사교육 열풍, 초등학생 수면 시간 더 줄었다

통계청은 5년마다 '생활시간 조사'를 실시해요. 최근 발표된 '2024년 생활시간 조사 결과'에 따르면 우리나라 초등학생들의 하루 **평균** 학습 시간이 5시간 5분으로 나타났어요. 이는 5년 전보다 19분 늘어난 시간이에요. 중학생은 5시간 45분, 고등학생은 6시간 37분, 대학생은 3시간 11분의 학습 시간을 보였는데요. 중학생과 고등학생, 대학생들의 학습 시간은 모두 줄어든 반면 초등학생만 유일하게 학습 시간이 증가했답니다.

초등학생들의 공부 시간이 늘어난 것은 사교육 **열풍** 때문으로 보여요. 이번 조사에 따르면 초등학생 94.8%가 사교육을 받고 있었어요. 사교육 시간도 평균 2시간 38분으로 5년 전보다 22분 늘었답니다. 중학생은 87.3%, 고등학생은 78.0%가 사교육을 받아 초등학생의 사교육 참여율이 가장 높았지요. 문제는 초등학생들의 공부 시간이 늘어나게 되면서 **수면** 시간이 줄었다는 거예요. 하루 평균 수면 시간은 9시간 20분으로 5년 전보다 5분 줄었답니다. 전체 학생의 61.4%는 잠이 부족하다고 느꼈고, 73.2%는 하루를 마친 뒤 피로를 느낀다고 답했어요.

성장기 어린이들에게 충분한 잠은 키 성장과 두뇌 발달에 매우 중요해요. 잠이 부족하면 집중력이 떨어지고 **면역력**도 약해져요. 초등학생들의 건강한 성장을 위해서는 적절한 학습과 충분한 휴식의 균형이 필요하답니다.

- **평균**: 전체를 고르게 나눈 값
- **열풍**: 어떤 일이나 물건에 대한 높은 관심과 유행을 뜻하는 것
- **수면**: 잠을 자는 것
- **면역력**: 병균이나 바이러스로부터 몸을 지키는 힘

배경지식 더하기

초등학생에게 권장되는 하루 수면 시간은 9~12시간이에요. 잠을 자는 동안 성장 호르몬이 분비되어 키가 자라고, 낮에 배운 내용이 뇌에 정리되면서 기억력이 좋아져요. 또한 충분한 수면은 스트레스를 줄이고 감정을 조절하는 데도 도움을 준답니다.

단어 깊이 알아보기

다음 빈칸에 알맞은 단어를 써 보세요.

1. 우리 반 키의 ＿＿＿＿＿ 은 150cm예요.
2. K-팝 ＿＿＿＿＿ 이 전 세계로 퍼지고 있어요.
3. 충분한 ＿＿＿＿＿ 을 취해야 건강해요.
4. 운동을 하면 ＿＿＿＿＿ 이 강해져요.

논술 개요 잡기

1. 초등학생들의 학습 시간이 증가한 이유는 무엇일까요?

＿＿＿＿＿＿＿＿＿＿＿＿＿＿＿＿＿＿＿＿＿＿＿＿＿＿＿＿＿＿＿＿

2. 여러분의 일과를 조사해서 다음 내용으로 글을 써 보세요.

- 수업 시간과 (학교, 학원 등) 개인 공부 시간은 몇 시간인지

＿＿＿＿＿＿＿＿＿＿＿＿＿＿＿＿＿＿＿＿＿＿＿＿＿＿＿＿＿＿＿＿

- 잠자는 시간은 충분한지

＿＿＿＿＿＿＿＿＿＿＿＿＿＿＿＿＿＿＿＿＿＿＿＿＿＿＿＿＿＿＿＿

- 나의 일과에서 바꾸고 싶은 점

＿＿＿＿＿＿＿＿＿＿＿＿＿＿＿＿＿＿＿＿＿＿＿＿＿＿＿＿＿＿＿＿

대한민국 제21대 대통령이 취임했어요

2025년 6월 4일 이재명 대통령이 우리나라 제21대 대통령으로 취임했어요. 이번 대통령 취임은 특별한 상황에서 이루어졌어요. 앞서 윤석열 대통령이 계엄령을 선포했다가 파면되었기 때문이에요. 우리나라는 민주주의 국가라서 정당한 절차 없이 **계엄령**을 함부로 선포해서는 안 돼요. 그래서 윤석열 대통령이 **파면**되었고, 제21대 대통령 선거가 치러졌어요. 이 선거에서 이재명 대통령은 49.42%의 지지율을 얻어 당선되었어요. 보통은 새로운 대통령이 당선되면 준비할 시간을 갖고 **인수인계**를 받지만, 파면으로 인한 선거라 당선 즉시 임기가 시작되었어요.

이재명 대통령은 어려운 어린 시절을 보냈어요. 가난한 집에서 태어나 중학교에 진학하지 못하고 **소년공**으로 일했어요. 하지만 포기하지 않고 검정고시를 통해 대학교에 입학했어요. 이후에는 사법 시험에 합격해서 변호사가 되었지요. 변호사가 된 후에는 어려운 사람들을 도와주는 인권 변호사로 활동했답니다. 그 후 성남시장을 거쳐 경기도지사로 지내며 정치 경험을 쌓았어요. 이재명 대통령은 어린 시절을 어렵게 보냈기 때문에 서민들의 마음을 잘 이해한다는 평가를 받고 있어요. 그래서 생활이 버거운 사람들을 도와주는 복지 정책에 관심이 많답니다. 그는 "경제부터 살리겠다"라며 국민들의 생활이 더 나아지도록 약속했어요.

- **계엄령**: 국가 비상사태 시 군대를 투입해 질서를 지키도록 하는 명령
- **파면**: 높은 직책에 있는 사람을 그 자리에서 물러나게 하는 것
- **인수인계**: 일이나 책임을 넘겨받거나 넘겨주는 것
- **소년공**: 어린 나이에 공장에서 일하는 아이들

배경지식 더하기

우리나라 대통령의 임기는 5년이에요. 한 번 대통령이 되면 연임할 수 없어서 최대 5년까지 대통령을 할 수 있답니다. 대통령은 국가의 최고 지도자로서 정부를 이끌고 다른 나라와의 외교를 담당해요. 또한 국군 통수권자로서 군대를 지휘할 수 있는 권한도 가지고 있어요.

단어 깊이 알아보기

다음 빈칸에 알맞은 단어를 써 보세요.

1. 전쟁이 일어나면 정부가 ＿＿＿＿＿＿ 을 선포할 수 있어요.
2. 큰 잘못을 저지른 공무원이 ＿＿＿＿＿＿ 처분을 받았어요.
3. 담당자가 바뀔 때는 업무 ＿＿＿＿＿＿ 가 필요해요.
4. 옛날에는 어린 나이에 공장에서 일하는 ＿＿＿＿＿＿ 이 많았어요.

논술 개요 잡기

1. 이재명 대통령의 임기가 인수인계 없이 즉시 시작된 이유는 무엇인가요?

----

2. 만약 내가 대통령이 된다면 가장 먼저 해결하고 싶은 문제를 써 보세요.

- 해결하고 싶은 문제와 그 이유

- 그 문제를 해결하는 방법

- 문제가 해결되면 좋아질 점

이란의 무기, 호르무즈 해협이 뭐길래?

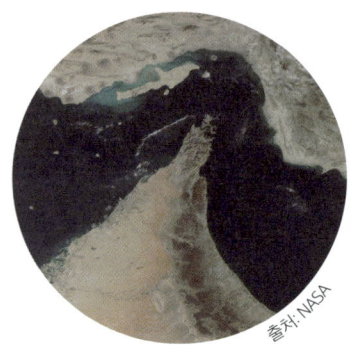
출처: NASA

중동 지역에 있는 이스라엘과 이란 두 나라는 오랫동안 사이가 좋지 않았어요. 이스라엘은 **유대교**를 믿는 나라이고, 이란은 **이슬람교**를 믿는 나라예요. 서로의 종교가 달라서 오랫동안 적으로 생각했어요. 그런데 이번에 이란이 **핵무기**를 만드는 걸 막겠다며 이스라엘이 공격을 시작하면서 전쟁이 일어났어요. 이스라엘의 **선제공격**에 이란도 미사일로 **반격**했고, 여기에 미국이 직접 **개입**해서 이란의 핵 시설을 공격했답니다.

미국의 개입으로 이스라엘과 이란은 잠시 휴전을 했어요. 하지만 이란은 계속해서 핵 개발을 하려는 의지를 드러냈고, 이스라엘은 이란이 또다시 핵무기를 개발하려고 하면 추가로 공격하겠다고 경고했어요. 그러자 이란은 호르무즈 해협을 막아 버리겠다고 위협했답니다.

호르무즈 해협은 중동의 페르시아만과 오만만 사이에 있는 좁은 바닷길이에요. 가장 좁은 곳의 폭이 약 33km로 매우 좁지만, 세계에서 가장 중요한 해상 통로 중 하나예요. 중동 국가들이 수출하는 석유의 대부분이 이 해협을 지나 다른 나라로 나가기 때문이지요. 그래서 만약 이란이 이 길을 막는다면 석유 공급이 막혀 세계 경제 전체에 큰 타격을 줄 수 있어요. 이처럼 세계 경제는 서로 연결되어 있어요. 세계 평화가 지켜져 모든 나라가 함께 잘 살 수 있었으면 좋겠어요.

- **유대교:** 유대인들이 믿는 종교로, 구약 성서를 경전으로 함
- **이슬람교:** 알라를 유일신으로 믿고 코란을 경전으로 하는 종교
- **핵무기:** 핵분열이나 핵융합을 이용해 만든 위력이 매우 큰 무기
- **선제공격:** 상대방이 공격하기 전에 먼저 공격하는 것
- **반격:** 상대방의 공격에 맞서서 되받아치는 것
- **개입:** 다른 사람이나 나라의 일에 끼어들어 관여하는 것

배경지식 더하기

호르무즈 해협은 우리나라에도 매우 중요한 곳이에요. 한국은 석유의 70% 이상을 중동에서 가져오는데, 이 중 대부분이 호르무즈 해협을 통과해서 와요. 만약 이란이 이 길을 막는다면 석유를 실은 배들이 우리나라로 올 수 없게 돼요. 멀리 떨어진 중동의 작은 바닷길 하나가 우리 생활에 큰 영향을 미칠 수 있어요.

단어 깊이 알아보기

다음 설명에 맞는 단어를 써 보세요.

1. 핵분열을 이용해 만든 위력이 큰 무기: _____
2. 상대방이 공격하기 전에 먼저 공격하는 것: _____
3. 상대방의 공격에 맞서서 되받아치는 것: _____
4. 다른 나라의 일에 끼어들어 관여하는 것: _____

논술 개요 잡기

1. 호르무즈 해협이 세계에서 가장 중요한 해상 통로 중 하나인 이유는 무엇인가요?

----

2. 우리가 사용하는 물건들이 어느 나라에서 왔는지 조사해 보고 글을 써 보세요.

- 집에 있는 물건 중 외국에서 만들어진 것들 (옷, 음식, 전자 제품 등)

- 만약 그 나라와 교역이 중단되면 생기는 문제점

- 여러 나라와 함께 협력하는 것이 중요한 이유

논술 개요 잡기 정답 1. 중동 산유국들의 석유의 대부분이 이 해협을 지나 다른 나라로 가기 때문이다.

단어 깊이 알아보기 정답 1. 핵무기 2. 선제공격 3. 반격 4. 개입

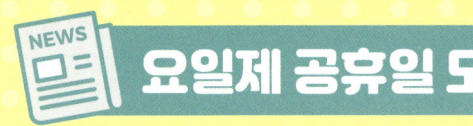
요일제 공휴일 도입 될까?

우리나라는 지금까지 공휴일을 정해진 날짜로 정해 왔어요. 어린이날은 5월 5일, 한글날은 10월 9일처럼 말이에요. 이렇게 '날짜제'로 특정 날짜를 지정하면 그 날의 의미를 되새길 수 있는 장점이 있어요. 하지만 주말과 겹치면 쉬지 못하고, 징검다리 휴일이 생기면 생활 리듬이 깨지기 쉬워요. 그래서 다른 나라에서는 요일제 공휴일 방식을 사용하고 있어요. 이는 공휴일을 특정 날짜가 아닌 '몇 월 몇 번째 무슨 요일'로 정하는 제도예요. 예를 들어 어린이날을 5월 첫째 주 월요일로, 한글날을 10월 둘째 주 월요일로 바꾸는 식이지요.

우리 정부도 이 제도 도입을 **검토**하고 있어요. 요일제 공휴일이 도입되면 소비가 늘어나 하루 2조 원 이상의 **경제 효과**가 예상되기 때문이지요. 그래서 정부는 어린이날, 현충일, 한글날을 각각 해당 월의 월요일로 옮기는 방안을 검토하고 있답니다.

이와 관련해 전국 성인 1천 명 정도를 대상으로 설문 조사를 한 결과, 10명 중 7명이 찬성한다고 답했어요. 공휴일을 월요일로 고정하면 주말과 이어져 확실한 3일 **연휴**가 만들어지고, 가족이나 친구들과 미리 여행 계획을 쉽게 세울 수 있기 때문이지요.

하지만 반대하는 사람들은 "역사적 기념일의 **상징성**이 사라진다"라는 우려를 했어요. 특히 현충일처럼 역사적 의미가 깊은 날의 경우 날짜를 바꾸면 그 뜻이 약해질 수 있다는 것이지요.

- **검토:** 내용을 자세히 살펴보고 따져 보는 것
- **경제 효과:** 어떤 일이 경제에 좋은 영향을 미치는 것
- **연휴:** 공휴일이 이어져서 생기는 긴 휴일
- **상징성:** 어떤 의미나 가치를 나타내는 특성

배경지식 더하기

미국에서는 요일제 공휴일을 실시하고 있어요. 독립기념일(7월 4일) 같은 역사적으로 중요한 날을 제외하고 노동절, 추수 감사절 등은 요일제로 운영한답니다. 일본도 2000년부터 '해피먼데이'라는 이름으로 성인의 날을 비롯한 4개 공휴일을 월요일로 지정했어요.

단어 깊이 알아보기

다음 설명에 맞는 단어를 써 보세요.

1. 내용을 자세히 살펴보고 따져 보는 것: _____
2. 어떤 일이 경제에 좋은 영향을 미치는 것: _____
3. 공휴일이 이어져서 생기는 긴 휴일: _____
4. 어떤 의미나 가치를 나타내는 특성: _____

논술 개요 잡기

1. 정부가 요일제로 바꾸려고 검토하는 공휴일은 무엇인가요?

_____

2. 요일제 공휴일에 대한 나의 생각을 써 보세요.

- '요일제' 공휴일의 좋은 점과 나쁜 점

_____

- '날짜제' 공휴일의 좋은 점과 나쁜 점

_____

- 나의 의견과 그 이유

_____

도심 속 곤충들의 대습격

요즘 도심에서 곤충들이 떼를 지어 나타나 시민들이 많은 불편을 겪고 있어요. 이 문제를 해결하기 위해 서울시의회는 '대발생 곤충 관리 및 방제 지원에 관한 **조례안**'을 만들기도 했어요. 가장 문제가 되는 곤충은 러브버그라고 불리는 '붉은등우단털파리'예요. 암수가 꼬리를 맞대고 붙은 채로 날아다녀서 이런 이름이 붙었어요. 2022년 서울 서북부 지역에서 처음 대량으로 나타난 이후 주변 지역으로 퍼져 나가고 있어요.

▲ 동양하루살이 출처: 국립생물자원관

또 다른 문제의 곤충은 팅커벨이라는 별명을 가진 '동양하루살이'예요. 몸집에 비해 큰 날개를 가져서 팅커벨이라고 불려요. 이런 곤충들이 늘어나는 이유는 기후 변화 때문이에요. 지구 온난화로 우리나라 기온이 높아지면서 원래 중국 동남부, 대만, 오키나와 등 더운 지역에서 살던 곤충들이 우리나라에서도 살 수 있게 된 거예요.

전문가들은 이 곤충들을 함부로 없애면 안 된다고 말해요. 러브버그는 나무와 낙엽을 **분해**해서 토양을 **비옥**하게 만들고, 꽃가루를 옮기며, 다른 동물들의 중요한 먹이가 되는 익충이거든요. 팅커벨도 깨끗한 물에서만 살 수 있어서 생태계가 건강하다는 것을 보여 주는 지표종이에요. 전문가들은 살충제를 사용하는 대신 불빛을 조절하거나 에어 커튼을 설치하고, 생태계에 **천적**이 살 수 있는 환경을 만드는 등 친환경적인 방법을 권장하고 있어요.

- **조례안:** 지방 자치 단체에서 만드는 법안
- **분해:** 복잡한 것을 간단한 것으로 나누거나 썩어서 없어지는 것
- **비옥:** 땅이 기름져서 농사짓기에 좋은 땅
- **천적:** 특정 동물을 잡아먹거나 해를 끼치는 자연의 적

배경지식 더하기

익충은 사람에게 이로운 곤충을 말해요. 꿀벌처럼 꿀을 만들거나 꽃가루를 옮겨 주는 곤충, 무당벌레처럼 해충을 잡아먹는 곤충들이 익충이랍니다. 반대로 해충은 사람에게 해를 끼치는 곤충이에요. 하지만 같은 곤충이라도 상황에 따라 익충이 되기도 하고 해충이 되기도 한답니다.

단어 깊이 알아보기

다음 빈칸에 알맞은 단어를 써 보세요.

1. 시의회에서 새로운 ＿＿＿＿＿＿ 을 통과시켰어요.
2. 플라스틱은 자연에서 ＿＿＿＿＿＿ 되는 데 수백 년이 걸려요.
3. 이 지역은 땅이 ＿＿＿＿＿＿ 해서 농작물이 잘 자라요.
4. 무당벌레는 진딧물의 ＿＿＿＿＿＿ 이에요.

논술 개요 잡기

1. 도심에서 곤충이 대량으로 발생하는 이유는 무엇인가요?

＿＿＿＿＿＿＿＿＿＿＿＿＿＿＿＿＿＿＿＿＿＿＿＿＿＿＿＿＿＿＿＿＿＿＿＿＿＿＿

2. 곤충 때문에 불편했던 경험에 대해 써 보세요.

- 곤충 때문에 불편했던 경험

＿＿＿＿＿＿＿＿＿＿＿＿＿＿＿＿＿＿＿＿＿＿＿＿＿＿＿＿＿＿＿＿＿＿＿＿＿＿＿

- 그때 어떻게 대처했는지

＿＿＿＿＿＿＿＿＿＿＿＿＿＿＿＿＿＿＿＿＿＿＿＿＿＿＿＿＿＿＿＿＿＿＿＿＿＿＿

- 앞으로 비슷한 상황이 생기면 어떻게 할지

＿＿＿＿＿＿＿＿＿＿＿＿＿＿＿＿＿＿＿＿＿＿＿＿＿＿＿＿＿＿＿＿＿＿＿＿＿＿＿

로제, K-팝 최초 미국 MTV '올해의 노래상' 수상

한국의 대표 걸 그룹 '블랙핑크'의 멤버이자 솔로 가수로 활동하는 로제가 브루노 마스와 함께 부른 〈아파트〉로 미국 MTV 비디오 뮤직 어워즈에서 '올해(2025)의 노래상'을 받았어요. 이는 K-팝 아티스트 중 처음으로 주요 부문을 수상한 역사적인 순간이었답니다.

로제가 수상한 노래 〈아파트〉는 한국식 게임에서 **영감**을 받아 만들어졌어요. '아파트'라는 한국어 발음이 그대로 들어간 **후렴구**가 특징이지요. 발매 당시 유튜브 전 세계 뮤직비디오 1위를 기록할 정도로 큰 인기를 끌었답니다. 로제는 금색 드레스를 입고 시상대에 올라 "꿈을 좇았던 열여섯 살의 저에게 이 트로피를 바칩니다"라며 감동적인 소감을 전했어요.

MTV 비디오 뮤직 어워즈는 그래미상, 빌보드 뮤직 어워즈, 아메리칸 뮤직 어워즈와 함께 미국 4대 **대중음악**상으로 불리는 권위 있는 시상식이에요. 1984년부터 마돈나, 마이클 잭슨, 비욘세 같은 세계적인 스타들이 수상해 온 곳이지요. 방탄소년단이 〈다이너마이트〉로 이 부문에 후보로 오른 적은 있었지만, 실제 수상은 로제가 처음이랍니다. 로제는 이번 시상식에서 총 8개 부문에 후보로 올라 K-팝 사상 최다 노미네이트 기록도 세웠어요. 한편 '베스트 K-팝' 부문은 같은 블랙핑크 멤버인 리사가 〈본 어게인〉으로 수상했어요. 이번 수상으로 세계 음악계에서 K-팝의 **위상**이 더욱 높아졌다는 평가를 받고 있답니다.

- **영감**: 떠오르는 좋은 생각이나 아이디어
- **후렴구**: 노래에서 반복되는 중심 부분
- **대중음악**: 많은 사람들이 즐겨 듣는 음악
- **위상**: 어떤 사람이나 나라가 가지는 지위나 영향력

배경지식 더하기

노미네이트는 시상식에서 후보로 선정되는 것을 말해요. 시상식에서는 먼저 여러 후보를 뽑고, 그중에서 가장 뛰어난 사람에게 상을 줘요. 후보에 오르는 것만으로도 그 분야에서 인정받았다는 뜻이기 때문에 대단한 일이랍니다. 올림픽에 출전하는 것만으로도 명예로운 것처럼, 유명한 시상식에서 노미네이트되는 것도 큰 성과예요.

단어 깊이 알아보기

다음 문장에서 '영감'의 뜻이 나머지와 다른 것을 찾아보세요.
① 화가는 자연에서 그림의 영감을 얻었어요.
② 마을의 영감님들이 정자에 모여 계셨어요.
③ 작가는 여행 중에 소설의 영감이 떠올랐어요.
④ 발명가는 새로운 제품의 영감을 얻기 위해 고민했어요.
⑤ 작곡가는 빗소리에서 음악의 영감을 받았어요.

논술 개요 잡기

1. 로제가 MTV 비디오 뮤직 어워즈에서 받은 상이 특별한 이유는 무엇인가요?

----

2. 내가 좋아하는 K-팝 가수에 대해 써 보세요.

- 내가 좋아하는 K-팝 가수

- 그 가수를 좋아하는 이유

- 그 가수에게 해주고 싶은 응원의 말

주말엔 쉬어가기 — 5주 차 사건 속 인물이 되어 생각하기

자신감이 높아지는 단어 퀴즈

1. 5주 차 기사 속 단어와 서로 연결되는 것을 찾아 짝을 지어보세요.

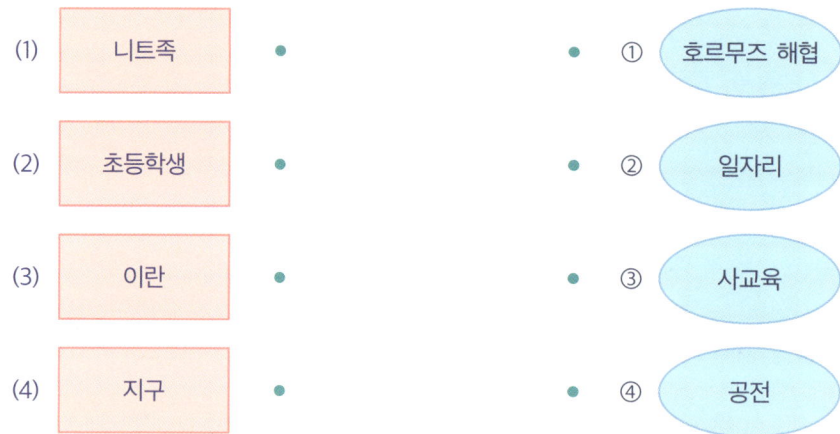

(1) 니트족 — ① 호르무즈 해협
(2) 초등학생 — ② 일자리
(3) 이란 — ③ 사교육
(4) 지구 — ④ 공전

2. 보기에서 이로운 동물과 해로운 동물로 구분해서 써 보고, 여러분이 아는 다른 동물도 써 보세요.

보기 러브버그 / 모기 / 꿀벌 / 바퀴벌레 / 지렁이 / 파리

이로운 동물	해로운 동물

정답: 1-②, 2-③, 3-①, 4-④ · 이로운 동물: 꿀벌, 지렁이 / 해로운 동물: 모기, 바퀴벌레, 파리

> 호기심이 깊어지는 생각 퀴즈

1. 여러분이 기자가 된다면, K-팝 걸 그룹 블랙핑크의 '로제'에게 하고 싶은 질문을 3가지 만들어 보세요!

   예시) <아파트> 노래는 어떻게 만들었는지, MTV에서 상을 받았을 때 기분이 어땠는지 등

   ①

   ②

   ③

2. 빈칸을 채워 인물의 프로필을 완성해 보고, 내가 관심 있는 인물에 대해서도 조사해 보세요.

   인물 프로필 완성하기

   (1) 이름: 박정부
   (2) 하는 일: 다이소 회장
   (3) 주로 하는 일:
   (4) 대표적인 성과:
   (5) 본받고 싶은 점:

   조사한 인물 작성하기

   (1) 이름:
   (2) 하는 일:
   (3) 주로 하는 일:
   (4) 대표적인 성과:
   (5) 본받고 싶은 점:

4살, 7살이 고시라니요

　사교육 열풍이 영유아에게까지 번지면서 '4세 고시', '7세 고시'라는 말이 등장했어요. 어린 나이에 영어 학원 입학시험을 준비하는 현상을 **빗댄** 표현이에요. 이 문제가 사회적 이슈로 떠오르자 교육부는 '영유아 사교육 대책 팀'을 신설했답니다. 이 대책 팀은 유아 사교육 **경감** 대책을 마련할 예정이에요. 이 문제가 논란이 된 이유는 유아기 과도한 선행 학습이 아동의 놀이와 휴식할 권리를 침해하기 때문이에요.

　한 방송사에서 제작한 다큐멘터리 〈7세 고시, 누구를 위한 시험인가?〉가 방영되면서 사회적 관심이 더욱 커졌답니다. 전문가들은 이것이 단순한 학원 문제를 넘어 아동의 권리와 **직결**된 중대한 사회 문제라고 지적하고 있어요. 헌법상 행복 추구권과 교육권을 침해한다는 우려도 제기되고 있지요. 정치권에서는 영유아 영어 학원에 대한 규제 법안이 필요하다는 목소리가 나오고 있어요. 학원 교습비에 **상한선**을 정하거나, 36개월 미만 영유아 교습을 금지하는 내용 등이 담겼어요. 하지만 학원 업계와 학부모들은 반발하고 있답니다.

　학원연합회는 대다수 학원이 이미 선발형 시험을 폐지했고, 돌봄과 놀이 중심으로 운영 중이라고 설명했어요. 일부 학부모들도 규제 위주 정책이 선택권을 침해하고 돌봄 문제를 고려하지 않았다고 지적하고 있어 당분간 논란이 계속될 전망이에요.

- **빗대다**: 다른 것에 비유하여 돌려 말하는 것
- **경감**: 정도나 부담을 줄이는 것
- **직결**: 어떤 일과 바로 이어지거나 관련되는 것
- **상한선**: 더 이상 넘어서면 안 되는 최고 한계

배경지식 더하기

'고시'는 원래 판사, 검사, 외교관 등이 되기 위한 어려운 국가시험을 뜻해요. '4세 고시', '7세 고시'는 4살 또는 7살부터 유명 학원에 들어가기 위해 치열하게 경쟁하는 현상을 국가고시에 빗댄 표현이에요. 이는 과도한 조기 사교육 경쟁이 사회 문제가 되고 있음을 보여 주는 말이랍니다.

단어 깊이 알아보기

다음 문장의 초성에 알맞은 단어를 써 보세요.

1. 작가가 정치인을 동물에 ㅂㄷ 어서 비판했어요.
2. 세금을 ㄱㄱ 해서 국민들의 부담이 줄었어요.
3. 흡연은 폐암과 ㅈㄱ 되는 문제예요.
4. 물가 ㅅㅎㅅ 을 정해서 가격이 너무 오르지 않게 했어요.

논술 개요 잡기

1. 교육부가 '영유아 사교육 대책 팀'을 신설한 이유는 무엇인가요?

----

2. 어린이의 사교육에 대한 나의 생각을 써 보세요.

• 어린 나이부터 사교육을 받으면 좋은 점

• 어린 나이부터 사교육을 받으면 나쁜 점

• 나는 영유아 사교육 규제에 찬성하는지 반대하는지

내신 5등급제 시행, 자퇴생 급증

요즘 고등학교 학생들이 학교를 **중도 포기**하는 일이 늘어나고 있어요. 학교를 **자퇴**하고 검정고시로 고등학교 졸업 자격을 얻은 뒤 수능에 **전념**하는 입시 전략을 선택한 것이지요. 최근 서울대, 고려대, 연세대 같은 최상위권 대학 신입생 중 검정고시 출신 비율도 계속 증가하고 있어요.

이런 현상이 나타나는 가장 큰 이유는 2025년부터 시행된 내신 5등급제 때문이에요. 예전에는 내신을 9등급으로 나누어 상위 4%만 1등급을 받았지만, 지금은 5등급으로 바뀌면서 상위 10%가 1등급을 받게 되었어요. 언뜻 보면 1등급 받기가 더 쉬워진 것 같지만, 실제로는 그렇지 않아요. 등급별 점수 폭이 넓어져서 한 과목에서라도 2등급이 나오면 최상위권 대학 진학이 매우 어려워졌거든요.

서울과 경기 지역의 고졸 검정고시 응시생은 2022년에 1만 7천 명, 2025년에는 2만 3천 명으로 3년 새 30%나 급증했어요. 특히 입시 경쟁이 치열한 서울 강남 지역에서 이런 현상이 더욱 심해지고 있어요. 높은 경쟁률을 자랑하던 서울 강남의 일부 자사고에서 올해 정원 **미달** 사태가 발생하기도 했답니다. 내신 경쟁에서 불리하다고 판단한 학생들이 자사고를 선택하지 않은 것이지요. 교육 전문가들은 대입 시스템이 바뀌지 않는다면 자퇴하는 학생들은 계속 나올 것이라고 걱정하고 있어요.

- **중도 포기:** 어떤 일을 하다가 중간에 그만두는 것
- **자퇴:** 학교를 스스로 그만두는 것
- **전념:** 한 가지 일에만 온 힘을 쏟아 집중하는 것
- **미달:** 정해진 기준이나 수에 모자라는 것

배경지식 더하기

내신은 학교 내 성적을 뜻해요. 학교에서 치르는 시험 점수를 등급으로 환산해서 대학 입시에 반영하는 것이지요. 같은 학교 학생끼리 경쟁하기 때문에 공부를 잘하는 학생들이 많은 학교일수록 좋은 내신 등급을 받기가 어려워요. '자율형 사립 고등학교(자사고)'는 보통 학업 수준이 높은 학생들이 많이 지원해서 내신 경쟁이 더 치열한 편이지요.

단어 깊이 알아보기

다음 문장에서 밑줄 친 부분과 바꿀 수 있는 단어를 써 보세요.

1. 사업을 시작했다가 <u>중간에</u> 그만뒀어요. ⇨ _____
2. 언니가 고등학교를 <u>스스로 그만두고</u> 홈스쿨링을 시작했어요. ⇨ _____
3. 작가가 소설 집필에만 <u>온 힘을 쏟고</u> 있어요. ⇨ _____
4. 운동 프로그램의 신청자가 <u>모자라서</u> 폐강됐어요. ⇨ _____

논술 개요 잡기

1. 학교를 자퇴하고 검정고시를 선택하는 이유는 무엇인가요?

_____

2. 학교를 자퇴하고 검정고시를 선택하는 것에 대한 생각을 써 보세요.

- 학교를 자퇴하고 검정고시를 선택하면 좋은 점

_____

- 학교를 자퇴하고 검정고시를 선택하면 나쁜 점

_____

- 나라면 어떤 선택을 할지와 그 이유

_____

백화점 직원이 된 로봇, 휠리 J40

인공 지능(AI) 청소 로봇이 회사에서 **인턴사원**이 되어 일하는 시대가 왔어요. 충북 청주에 새로 문을 연 '커넥트현대' 청주점에서는 '휠리 J40' 두 대가 지난달부터 본격적으로 청소 업무를 시작했답니다. 우리나라에서 로봇을 **인사 제도**에 정식으로 포함한 첫 번째 사례예요.

'휠리 J40'은 복잡한 건물 안에서도 스스로 길을 찾아 움직이며 장애물을 피해 다녀요. 센서를 이용해 바닥의 더러운 정도를 실시간으로 확인해서 오염이 심한 곳은 더 꼼꼼히, 깨끗한 곳은 가볍게 청소하지요. 물 보충부터 걸레 세척까지 모든 과정을 스스로 처리할 수 있어서 야간에도 멈추지 않고 일할 수 있답니다. 그렇다고 **미화 인력**이 없어지는 것은 아니에요. 여러 번 반복해서 치워야 하는 곳과 야간 청소의 경우에는 로봇이 담당하고, 화장실이나 계단같이 세심한 관리가 필요한 곳은 사람이 맡아서 해요.

앞서 경기도 화성의 다른 쇼핑몰에서 일했던 휠리는 하루 평균 7시간씩 근무하며 청결도를 27% 높이고 고객 불만을 53% 줄이는 성과를 보였어요. 로봇이 청소를 맡는 동안 기존 직원들은 안내 업무나 고객 **응대**에 더 많은 시간을 쓸 수 있게 되었지요. 이처럼 로봇이 단순히 사람의 일을 대신하는 것이 아니라 함께 일하며 서로 부족한 부분을 보완하는 새로운 일터 문화가 만들어지고 있어요.

- **인턴사원**: 일정 기간 연습 삼아 일하는 직원
- **인사 제도**: 직원을 뽑거나 관리하는 회사의 규칙이나 방법
- **미화 인력**: 청소를 담당하는 사람들
- **응대**: 손님이나 방문한 사람을 맞아서 대하는 것

배경지식 더하기

자율 주행 기술은 로봇이 스스로 주변 환경을 인식하고 목적지까지 이동하는 기술이에요. 카메라와 센서로 주변을 파악하고, AI가 경로를 계획해서 장애물을 피해 다니지요. 자율 주행 청소 로봇 외에도 자율 주행 자동차, 배달 로봇, 물류 창고 로봇 등 다양한 분야에서 활용되고 있답니다.

단어 깊이 알아보기

다음 단어와 뜻을 알맞게 연결해 보세요.

1. 인사 제도 •　　　• ① 청소를 담당하는 사람들
2. 미화 인력 •　　　• ② 손님이나 방문한 사람을 맞아서 대하는 것
3. 응대 •　　　• ③ 직원을 뽑거나 관리하는 회사의 규칙이나 방법

논술 개요 잡기

1. 현대백화점에서 로봇과 사람이 나누어 하는 일을 각각 써 보세요.

로봇: _____

사람: _____

2. 내가 로봇에게 맡기고 싶은 일에 대해 써 보세요.

- 내가 로봇에게 맡기고 싶은 일

_____

- 그 일을 로봇에게 맡기면 좋은 점

_____

- 내가 맡기지 못할 것 같은 일과 그 이유

_____

조심하세요! 큰부리까마귀가 사람을 공격해요

5월부터 7월 사이 도심에서 '큰부리까마귀'가 사람을 공격하는 일이 늘어나고 있어요. 환경부에서는 이런 문제를 해결하기 위해 시민들이 지켜야 할 **행동 요령**을 발표했어요.

'큰부리까마귀'는 우리나라 까마귀 중에서 가장 큰 **텃새**예요. 몸길이가 57cm나 되는 큰 새이지요. 원래는 숲에서만 살았는데, 도시 개발로 서식지가 줄어들면서 최근에는 도시의 공원이나 녹지에서도 많이 볼 수 있게 되었어요.

그런데 왜 이 새들이 사람을 공격하게 된 걸까요? 바로 5월부터 7월까지가 큰부리까마귀의 **번식기**이기 때문이에요. 이 시기에는 어미 새가 자신의 알이나 새끼를 보호하려는 방어 행동으로 더욱 예민해져요. 사람이 둥지 근처에만 가도 위험하다고 느끼고 공격할 수 있답니다. 큰부리까마귀는 주로 사람의 머리 부분을 공격하는 **습성**이 있어 다칠 위험이 있어요.

그렇다면 큰부리까마귀의 공격을 어떻게 피할 수 있을까요? 가장 좋은 방법은 둥지나 새끼가 있는 곳을 피해 다니는 것이에요. 우산을 펼치거나 모자를 쓰고 빠르게 이동하는 것도 도움이 됩니다. 만약 막대기를 휘두르거나 물건을 던지면 새를 더 흥분시킬 수 있으니 머리를 감싸고 조용히 피하는 것이 좋아요. 환경부는 앞으로 큰부리까마귀가 자주 나타나는 곳에 경고 표지판을 설치할 계획이라고 했어요.

- **행동 요령**: 어떤 상황에서 지켜야 할 올바른 행동 방법
- **텃새**: 한곳에서 계속 살면서 이동하지 않는 새
- **번식기**: 동물이 알을 낳거나 새끼를 낳아 기르는 시기
- **습성**: 오랫동안 반복하여 몸에 밴 행동이나 성질

배경지식 더하기

까마귀는 매우 똑똑한 새예요. 사람의 얼굴을 기억해서 자신을 괴롭힌 사람을 알아보고, 그 정보를 다른 까마귀들에게 전달하기도 해요. 또한 도로에 호두를 떨어뜨려 자동차가 호두를 밟아 깨주는 것을 기다리는 영리함을 보이기도 합니다. 숫자 4까지 셀 수 있다는 연구도 있어요.

 단어 깊이 알아보기

다음 문장의 초성에 알맞은 단어를 써 보세요.
1. 큰부리까마귀의 공격을 피하는 ㅎㄷ ㅇㄹ 을 잘 알아 두어야 한다.
2. 참새는 우리나라의 대표적인 ㅌㅅ 로 겨울에도 따뜻한 곳으로 이동하지 않는다.
3. 봄은 많은 동물들의 ㅂㅅㄱ 이므로 둥지 근처에서는 조심해야 한다.
4. 고양이가 높은 곳에 올라가는 것은 타고난 ㅅㅅ 이다.

 논술 개요 잡기

1. 큰부리까마귀가 사람을 공격하는 이유는 무엇인가요?

 ----

2. 우리 주변에서 볼 수 있는 동물(길고양이, 비둘기, 개미, 참새 등)에 대한 글을 써 보세요.

- 내가 선택한 동물의 이름과 특징

- 그 동물과 사람이 함께 살아가면서 생기는 문제점

- 서로 피해를 주지 않고 살아가는 방법

침팬지의 어머니, 제인 구달 박사 별세

2025년 10월 1일 세계적인 동물학자이자 환경 운동가 제인 구달 박사가 91세의 나이로 세상을 떠났어요. 1934년 영국에서 태어난 구달은 어릴 때부터 동물을 유난히 좋아했어요. 집안 형편이 어려워 대학에 가지 못했지만, 아프리카 케냐를 방문하면서 인생이 바뀌었어요. 케냐에서 만난 루이스 리키 박사는 구달의 관찰 능력을 높이 평가해 탄자니아 야생 침팬지 연구를 맡겼어요. 정식 학위가 없는 젊은 여성에게 중요한 연구를 맡긴 것은 그때 당시 아주 **파격적**인 결정이었답니다.

  1960년 구달 박사는 침팬지가 나뭇가지를 다듬어 흰개미를 꺼내 먹는 장면을 목격했어요. '도구 사용은 인간만의 특징'이라는 관념을 깨뜨린 발견이었지요. 이 연구는 1964년 과학 잡지에 실리면서 전 세계의 **주목**을 받았어요. 구달은 침팬지마다 이름을 붙이고 오랜 시간 관찰했어요. 침팬지가 우정을 나누고 가족을 돌보며, 집단끼리 싸우기도 한다는 사실을 밝혀냈지요. 침팬지와 함께 살다시피 한 구달은 '침팬지의 어머니'로 불리며 세계적인 **명성**을 얻었지요. 연구를 계속하던 구달은 숲이 파괴되는 현실을 보며 환경 운동에도 나섰어요. 1977년에 '제인 구달 연구소'를 세웠고, 1991년에는 청소년 환경 교육 프로그램을 시작했어요. 90이 넘은 나이에도 자연 보호를 위해 희망의 메시지를 전하던 그의 삶은 우리 모두에게 **귀감**이 되었어요.

- **파격적**: 기존의 틀이나 관례를 과감하게 벗어나는 것
- **주목**: 관심을 가지고 눈여겨보는 것
- **명성**: 이름이 널리 알려진 좋은 평판
- **귀감**: 본받을 만한 모범이 되는 대상

배경지식 더하기

제인 구달 박사는 침팬지를 연구하면서 번호 대신 이름을 붙여준 최초의 과학자예요. 당시 과학계에서는 동물에게 감정 이입하지 않도록 번호로 구분했지만, 구달은 '피피', '플로' 같은 이름을 지어줬어요. 침팬지를 단순한 연구 대상이 아닌 살아 있는 존재로 바라본 것이지요. 현재 많은 동물 연구자가 이 방법을 따르고 있어요.

단어 깊이 알아보기

다음 빈칸에 알맞은 단어를 써 보세요.

1. 회사가 _____ 인 아이디어로 새로운 서비스를 시작했어요.
2. 사람들이 _____ 하는 신제품이 다음 주에 출시돼요.
3. 그 선수는 세계적으로 _____ 이 높아서 모두가 알아봐요.
4. 선생님은 우리에게 _____ 이 되는 분이라 존경해요.

논술 개요 잡기

1. 제인 구달이 세계적인 과학자가 된 계기는 무엇인가요?

_____

2. 내가 좋아하는 동물에 대해 써 보세요.

- 내가 좋아하는 동물과 특징

_____

- 그 동물을 좋아하는 이유

_____

- 내가 그 동물을 위해 할 수 있는 일

_____

단어 깊이 알아보기 정답: 1. 파격적인 2. 주목 3. 명성 4. 귀감
논술 개요 잡기 정답: 1. 침팬지와 소통하는 새로운 연구 방법을 발견하기 때문에

황금연휴, 경제에 도움이 될까?

황금연휴는 대체 공휴일 제도로 만들어지는 4~5일간의 연속 휴일이에요. 대체 공휴일은 설날이나 추석 같은 명절이 주말과 겹칠 때 그다음 평일을 대신 쉬는 날로 정하는 제도예요. 정부는 2013년에 제도를 도입하면서 긴 휴일 동안 여행과 **소비**를 늘려 경제가 활성화될 것으로 기대했답니다.

하지만 기대했던 효과와는 다른 결과가 나타났어요. 과거 짧은 휴일에는 국내 관광지로 여행을 떠났던 사람들이 4~5일의 여유가 생기자 해외로 눈을 돌린 것이에요. 일본, 동남아시아, 유럽 등으로 떠나는 사람들이 많이 늘어났고, 이로 인해 우리나라에서 쓰이는 돈은 늘지 않고, 오히려 우리나라 돈이 해외로 빠져나가는 현상이 벌어졌어요.

신한카드 빅데이터연구소에 따르면 황금연휴 기간 국내에서 카드를 사용한 금액은 작년과 같은 기간보다 3%만 증가한 반면, 해외에서 사용한 금액은 17% 이상 늘어났어요. 이는 황금연휴가 **내수** 활성화보다는 해외여행 증가로 이어지고 있다는 것을 보여 주는 결과예요. 이런 현상 때문에 경제 전문가들은 대체 공휴일로 인한 황금연휴의 효과에 대해 서로 다른 의견을 내놓고 있어요. 황금연휴를 반기는 사람들은 국민의 삶의 질 **향상**에 도움이 된다고 말하지만, 연휴가 길어질수록 공장 가동이 줄어들어 **수출**에 나쁜 영향을 줄 수 있다고 우려하는 사람도 있어요.

- **소비:** 물건이나 서비스를 사서 쓰는 것
- **내수:** 나라 안에서 물건을 사고파는 경제 활동
- **향상:** 수준이나 능력이 더 좋아지는 것
- **수출:** 자기 나라의 물건을 외국에 파는 것

배경지식 더하기

관광 수지는 우리나라 사람들이 해외여행에서 쓴 돈과 외국인들이 우리나라 여행에서 쓴 돈의 차이를 말해요. 우리나라 사람들이 해외에서 더 많이 쓰면 적자가 되고, 외국인들이 우리나라에서 더 많이 쓰면 흑자가 돼요. 최근 해외여행이 늘면서 관광 수지 적자가 커지고 있답니다.

단어 깊이 알아보기

다음 단어와 뜻을 알맞게 연결해 보세요.

- **1.** 소비 •   • ① 자기 나라의 물건을 외국에 파는 것
- **2.** 내수 •   • ② 수준이나 능력이 더 좋아지는 것
- **3.** 향상 •   • ③ 물건이나 서비스를 사서 쓰는 것
- **4.** 수출 •   • ④ 나라 안에서 물건을 사고파는 경제 활동

논술 개요 잡기

1. 황금연휴 때 해외여행이 늘어나면서 나타난 문제점은 무엇인가요?

----

2. 황금연휴에 대한 나의 생각을 써 보세요.

- 황금연휴의 장점과 단점

- 황금연휴가 더 많았으면 좋겠는지(찬성/반대)

- 그렇게 생각하는 이유

빵플레이션 시대, 990원짜리 소금빵 논란

경제 유튜버 '슈카'가 'ETF 베이커리'라는 팝업 스토어를 열고 시중가 3,000원인 소금빵을 990원에 판매했어요. 소비자들은 저렴한 가격에 열광했고, 다른 빵집의 비싼 가격에 의문을 품었어요. 그동안 빵집들이 소비자들에게 지나치게 **폭리**를 취하고 있던 게 아니냐는 목소리가 나왔어요.

하지만 제과 제빵 업계 자영업자들은 강하게 반발했어요. 일반 빵집들은 원재료비 외에도 **인건비**, **임대료**, 전기세와 가스비 등을 부담해야 하는 상황이거든요. 작은 제빵 업체들은 원재료 가격을 낮추기 어렵고, 복잡한 유통 과정 때문에 비용을 줄이는 데 **한계**가 있다고 설명했어요. 990원은 현실을 무시한 가격이라고 주장했어요.

990원에 찬성하는 사람들은 생산 방법을 개선하고 유통 단계를 줄이면 합리적인 가격이 가능하다고 봤어요. 반대하는 사람들은 유명 유튜버이기 때문에 가능한 일회성 이벤트일 뿐이고, 소비자들이 저가에 익숙해지면 동네 빵집들이 가격 인하 압박을 받아 경영이 어려워질 수 있다고 걱정했어요. 논란이 커지자 결국 팝업 스토어 매장은 운영이 중단되었고, 빵 가격의 과도한 상승을 의미하는 '빵플레이션' 문제를 생각해 볼 기회가 되었어요. 소비자가 원하는 저렴한 가격과 소상공인들이 살아남아야 하는 현실 사이의 균형점을 찾는 것이 새로운 과제로 남았답니다.

- **폭리:** 물건값을 지나치게 비싸게 받아서 얻는 부당한 이익
- **인건비:** 사람을 고용해서 일을 시키는 데 드는 비용
- **임대료:** 건물이나 땅을 빌리는 데 드는 비용
- **한계:** 더 이상 나아갈 수 없는 끝이나 어려움

배경지식 더하기

팝업 스토어는 짧은 기간만 운영하는 임시 매장을 말해요. 장기적으로 운영되는 일반 매장과 달리 보통 며칠에서 몇 주 정도만 문을 열고, 특별한 상품을 판매하거나 브랜드를 홍보하는 목적으로 만들어요. 임대료 부담이 적고 화제성을 만들 수 있어서 최근 많이 생기고 있어요.

단어 깊이 알아보기

다음 설명에 맞는 단어를 써 보세요.

1. 물건값을 지나치게 비싸게 받아서 얻는 부당한 이익: ------------
2. 사람을 고용해서 일을 시키는 데 드는 비용: ------------
3. 건물이나 땅을 빌리는 데 드는 비용: ------------
4. 더 이상 나아갈 수 없는 끝이나 어려움: ------------

논술 개요 잡기

1. 빵을 만드는 데 들어가는 비용에는 어떤 것들이 있나요?

----

2. 990원 소금빵 판매에 대한 나의 생각을 써 보세요.

- 소비자 입장에서 생각해 보기

- 빵집 주인 입장에서 생각해 보기

- 누구의 입장에 더 공감하는지와 그 이유

중국의 해외 콘텐츠 수입, 한한령 해제될까?

2016년부터 지금까지 중국에서는 한국 드라마나 K-팝 뮤직비디오를 공식적으로 볼 수 없었어요. 주한 미군이 '사드'라는 미사일 방어 시스템을 한국에 설치하자 중국이 **반발**하면서 한한령이 시작되었거든요. 중국 정부는 "우리를 겨냥한 무기"라고 생각했고, 그 반발로 한국 문화 콘텐츠를 막아버린 거예요. 그런데 최근 중국에서 해외 드라마와 영화 수입을 늘리고 **저작권** 보호도 강화하겠다고 발표했어요.

공식적으로는 한국을 언급하지 않았지만, 업계에서는 한한령 **완화** 신호로 해석하고 있어요. 중국 한한령 완화 기대감에 관련 주식이 급상승하기도 했답니다. 변화의 조짐은 이미 나타나고 있어요. 올해 3월 봉준호 감독의 영화 〈미키 17〉이 중국에도 개봉되었고, 방탄소년단 소속사 하이브가 중국 현지 법인을 만들었지요. 흥미로운 점은 한한령 기간에도 한국 콘텐츠의 인기가 식지 않았다는 거예요. 〈오징어 게임〉, 〈더 글로리〉 같은 작품들이 불법 경로를 통해 중국 전역에 퍼져 나갔거든요. **불법 유통**이지만 중국에서는 엄청난 인기를 끌었답니다. 하지만 업계에서는 여전히 조심스러운 반응을 보이고 있어요. 우리나라 연예인들의 공연이 갑자기 취소된 사례들이 있어서, 언제든 중국이 정책을 바꿀 수 있다는 우려가 있답니다. 그래도 9년간 닫혔던 문화 교류의 문이 조금씩 열리고 있는 것만은 분명해 보여요.

- **반발**: 어떤 일이나 의견에 반대하며 저항하는 것
- **저작권**: 자신이 만든 작품에 대한 법적 권리
- **완화**: 엄격하거나 강한 것을 느슨하게 하는 것
- **불법 유통**: 법을 어기고 물건이나 콘텐츠를 퍼뜨리는 것

배경지식 더하기

사드는 '고고도 미사일 방어 체계'를 말하는데, 적국에서 발사한 미사일을 높은 고도에서 요격하는 방어 무기예요. 미국이 개발한 시스템으로, 2017년 북한의 핵 위협에 대비하기 위해 한국에 배치되었어요. 하지만 중국은 사드의 강력한 레이더가 중국 내부까지 감시할 수 있다며 강하게 반발했고, 이것이 한한령의 계기가 되었답니다.

단어 깊이 알아보기

다음 설명에 맞는 단어를 써 보세요.

1. 학생들이 새로운 교칙에 _____ 하며 의견을 냈어요.
2. 작가는 자신의 책에 대한 _____ 을 보호받아야 해요.
3. 규칙이 너무 강하다는 반발에 규칙을 _____ 했어요.
4. 영화를 허락 없이 복사해서 파는 _____ 은 범죄예요.

논술 개요 잡기

1. 중국이 한한령을 시작한 이유는 무엇인가요?

_____

2. 중국의 한한령에 대한 나의 생각을 써 보세요.

- 중국이 한한령으로 한국 문화를 막은 것이 옳은지

_____

- 그렇게 생각하는 이유

_____

- 문화 교류가 중요한지, 정치적 이득이 더 중요한지

_____

AI가 장관으로 임명 되었어요

알바니아라는 나라가 세계에서 처음으로 인공 지능 (AI)으로 만든 가상의 **장관**을 임명했어요. 알바니아는 그리스 북쪽에 있는 나라로 공산주의 정권이 무너진 후 부정부패 문제로 어려움을 겪고 있어요.

에디 라마 알바니아 총리는 최근 '디엘라'라는 이름의 AI를 **공공조달**부 장관을 임명했어요. 실제로 존재하지 않는 가상의 인물이지만 정부의 공식 장관이 된 것이죠.

알바니아어로 태양을 뜻하는 디엘라는 마이크로소프트와 함께 개발되었어요. 처음에는 공공 서비스 플랫폼에서 가상 **비서**로 일하며 약 100만 건의 온라인 문의를 도왔고, 이제 장관으로 임명되어 공공 **입찰** 과정에서 부패가 없도록 관리하는 임무를 맡게 됐어요. 라마 총리는 디엘라는 정부의 일원이라며 "사람이 아니기 때문에 뇌물을 받지 않고 투명하게 일할 것"이라고 설명했어요. 공개 입찰 과정을 더 빠르고 효율적이며 공정하게 만들겠다는 거죠.

하지만 논란도 있어요. 알바니아 헌법에는 '정부 장관은 18세 이상의 정신적으로 유능한 시민이어야 한다'라고 되어 있는데, AI는 시민이 아니기 때문에 **위헌**이라는 지적이 나와요. 또 AI가 잘못된 판단을 할 경우 누가 책임질지, 시민이 어떻게 AI를 감독할 수 있을지도 문제로 떠올랐어요.

- **장관**: 나라의 정부 부처를 책임지고 이끄는 사람
- **공공 조달**: 정부나 공공 기관이 필요한 물건을 사거나 공사를 맡길 회사를 선정하는 과정
- **비서**: 다른 사람의 일정이나 업무를 도와주는 사람
- **입찰**: 여러 회사가 조건과 가격을 제시하고 그중 가장 좋은 조건을 낸 회사를 선택하는 방식
- **위헌**: 헌법에 어긋나는 것

배경지식 더하기

부정부패란 공무원이나 정치인이 권력을 이용해 뇌물을 받거나 불법적인 이익을 챙기는 것을 말해요. 예를 들어 정부가 도로 공사를 맡길 회사를 선택할 때, 뇌물을 준 회사를 선택하거나 친한 사람의 회사를 몰래 밀어주는 경우가 있어요. 이렇게 되면 국민의 세금이 낭비되고 공정한 경쟁이 사라지죠.

단어 깊이 알아보기

다음 문장의 초성에 알맞은 단어를 써 보세요.

1. 교육부 ㅈㄱ이 학교 교육 정책에 대해 발표했어요.
2. 회사 사장님의 ㅂㅅ가 오늘 회의 일정을 알려 주었어요.
3. 시청에서 새로운 도서관을 지을 건설 회사를 ㅇㅊ 방식으로 선정했어요.
4. 그 법은 헌법에 어긋나서 ㅇㅎ 판정을 받았어요.

논술 개요 잡기

1. 알바니아가 'AI 장관 디엘라'를 임명한 이유는 무엇인가요?

----

2. AI 장관에 대한 나의 생각을 써 보세요.

- AI 장관의 좋은 점

- AI 장관의 문제점

- 나는 AI 장관에 찬성하는지 반대하는지

작지만 강한 희토류, 세계 경제를 쥐락펴락

출처: 미국 농무부

중국이 '희토류'라는 특별한 금속의 수출을 제한하면서 전 세계가 어려움을 겪고 있어요. 희토류는 땅속 깊은 곳에서 아주 조금씩만 나오는 17종류의 **희귀** 금속이에요. 스마트폰 화면을 밝게 해주고, 이어폰에서 깨끗한 소리가 나오게 하며, 전기차가 조용히 달릴 수 있게 도와주는 핵심 부품들이 바로 희토류로 만들어져요. 그래서 희토류 없이는 현대 문명이 돌아갈 수 없을 정도로 중요한 존재랍니다.

문제는 이런 중요한 희토류의 90% 이상을 중국에서 생산한다는 점이에요. 그런데 중국이 미국과의 무역 갈등 때문에 희토류 수출을 줄이기 시작했어요. 이로 인해 희토류 가격이 급격히 올라가고 있고, 자동차뿐만 아니라 로봇, 전자 제품 등 여러 산업이 영향을 받고 있어요. 중국의 이런 조치 때문에 미국뿐 아니라 독일, 인도 등 많은 나라가 공장 **가동**을 멈출 위기에 처해 있답니다.

한편 북한에도 중국만큼 많은 양의 희토류가 매장되어 있을 것으로 **추정**되고 있어요. 하지만 북한은 이런 귀중한 자원을 제대로 활용할 기술이 부족한 상황이에요. 전문가들은 남한의 뛰어난 기술력과 북한의 풍부한 자원이 만나면 남북 경제 협력을 통해 글로벌 시장에서 큰 경쟁력을 가질 수 있다고 말하고 있어요. 그렇게 된다면 중국의 희토류 **독점**에서 벗어날 수 있는 좋은 기회가 될 수 있겠지요.

- **희귀**: 매우 드물고 귀한 것
- **가동**: 기계나 시설을 움직여서 작동시키는 것
- **추정**: 알고 있는 사실을 바탕으로 미루어 생각하는 것
- **독점**: 어떤 것을 혼자서 차지하거나 지배하는 것

배경지식 더하기

희토류는 한자로 '드물 희(稀)', '흙 토(土)', '무리 류(類)'라고 써요. 이름에 흙이 들어가지만 실제로는 흙이 아니라 매우 귀한 광물이랍니다. 중국은 희토류를 무기 삼아 무역 협상에서 유리한 위치를 차지하려고 해요. 이처럼 중요한 자원을 한 나라가 독점하면 다른 나라들이 큰 어려움을 겪게 된답니다.

단어 깊이 알아보기

다음 문장에서 밑줄 친 부분과 바꿀 수 있는 단어를 써 보세요.

1. <u>매우 드물고 귀한</u> 우표를 수집하는 취미가 있어요. ⇨ _____
2. 발전소를 <u>다시 작동시켜서</u> 전기를 만들었어요. ⇨ _____
3. 경찰이 증거를 보고 범인의 나이를 <u>짐작</u>했어요. ⇨ _____
4. 한 회사가 시장을 <u>혼자 차지</u>해서 문제가 됐어요. ⇨ _____

논술 개요 잡기

1. 중국이 희토류 수출을 제한했을 때 세계 여러 나라가 어려움을 겪는 이유는 무엇인가요?

----

2. 한 나라가 중요한 자원을 독점하면 생기는 문제에 대해 써 보세요.

- 중국이 희토류를 독점해서 생긴 안 좋은 점

- 우리 생활에서 비슷한 경험 (한 곳에서만 가지고 있어 불편했던 일)

- 이런 문제를 해결하려면 어떻게 해야 할지

주말엔 쉬어가기 — 6주 차 우리 주변의 문제 살펴보기

자신감이 높아지는 단어 퀴즈

1. 기사의 내용을 떠올려보고 문장을 완성해 보세요.

(1) 990원 소금빵 논쟁	유튜버: 990원에 소금빵을 팔 수 있어요. 빵집 사장님: 우리는 ㅍㄹ 을/를 취하지 않았어요!
(2) 4세, 7세 고시 문제	부모: 우리 아이 영어 학원 보내고 싶어요. 정부: 36개월 미만 교습을 ㄱㅈ 하겠습니다!
(3) 중국 희토류 문제	중국: 희토류 수출을 제한하겠습니다. 세계: 중국의 희토류 ㄷㅈ 때문에 어려워요.

2. '희(稀)'는 '드물다, 적다'라는 뜻이에요. '희(稀)'가 들어간 단어를 따라 써 보세요.

(1) 희 + 토류(土類) = 땅속에 아주 조금만 있는 귀한 금속

稀	토	류	稀	토	류			

(2) 희 + 귀(貴) = 매우 드물고 귀한 것

稀	귀	稀	귀					

(3) 희 + 소(少) = 양이 매우 적은 것

稀	소	稀	소					

호기심이 깊어지는 생각 퀴즈

1. [까마귀]로 3행시를 지어 재미있는 문장을 만들어 보세요.

까:

마:

귀:

2. 환경을 사랑했던 제인 구달 박사에게 우리 주변의 환경 문제에 대한 편지를 써 보세요.

(예시) 큰부리까마귀 서식지 파괴, 쓰레기 문제, 기후 변화 등

_____

_____

_____

_____

4장.

논증 완성하기

7주

주장과 반론의 힘을 키워 봅시다!
논리가 선명한 주제로 '찬반 토론'의 논점 잡기

7주 차에는 주장이 명확한 주제로 토론해 볼 거예요.
주장을 뒷받침하는 근거를 찾고, 상대방의 의견에
논리적으로 반론할 수 있는 방법을 생각해 보아요.

8주

설득력 있는 논술왕이 되어봅시다!
핵심 주장을 담아 논리적인 글 완성하기

8주 차에는 그동안 배운 내용을 생각하며 글을 써 봅시다.
나의 주장을 명확히 하고, 근거를 논리적으로 배치하여
설득력 있는 글을 완성해 보아요.

말도 많고 탈도 많은 고교학점제 개선안 발표

2025년 3월부터 고등학교에서 고교 학점제가 전면 **시행**되었어요. 고교 학점제는 고등학생이 대학생처럼 적성과 흥미에 따라 수업을 골라 듣는 제도예요. 하지만 **취지**와 달리 학생과 교사 모두 부담만 늘어났다는 불만이 쏟아졌어요. 학교마다 원하는 수업을 개설할 수 없다는 것이 가장 큰 문제로, 특히 교사가 부족한 시골 학교일수록 심각한 상황이지요. 아직 진로를 정하지 못한 학생들이 많다는 점도 문제였어요. 여기에 '최소 성취 수준 보장 제도' 도입으로 학생의 출석률과 학업 성취율이 기준에 못 미치면 교사가 개별 보충 수업을 해야 하는데 이것이 교사들에게 큰 부담이 된다는 의견이었어요.

현장에서 고교 학점제 전면 폐지 요구가 거세지자, 교육부에서는 시행 6개월 만에 개선안을 내놓았어요. 교육부는 내년 중등 교원 임용에서는 전년보다 1,600명 많은 7,100명을 뽑아 교사 부족 문제를 **해소**하고, 학생들의 진로 상담을 돕는 교사도 늘리겠다고 발표했어요. 보충 수업에 대해서도 학기당 15시간이었던 것을 9시간으로 축소하고, 출석률이 부족한 학생은 온라인으로 학습할 수 있게 바꾸었어요. 하지만 현장에서는 여전히 근본적인 문제가 해결되지 않았다는 목소리가 나와요. 교육부는 당장 입시 제도를 바꾸기는 어렵지만 2032학년도 대입 개편을 목표로 제도를 **보완**해 나가겠다고 밝혔어요.

- **시행**: 법이나 제도를 실제로 실행하는 것
- **취지**: 어떤 일을 하려는 목적이나 의도
- **해소**: 문제나 어려움을 풀어서 없애는 것
- **보완**: 부족하거나 모자란 부분을 보충해서 완전하게 만드는 것

배경지식 더하기

고교 학점제는 2025년 고1부터 전국 모든 고등학교에서 시행됐어요. 학생들이 자기 진로에 맞는 과목을 선택해 듣고, 3년간 192학점을 채우면 졸업하는 방식이에요. 대학교처럼 시간표를 자유롭게 짤 수 있다는 게 특징이에요. 하지만 실제로는 학교마다 개설 과목이 제한적이고, 학생들이 진로를 일찍 정해야 한다는 부담 때문에 논란이 되고 있어요.

단어 깊이 알아보기

다음 문장의 초성에 알맞은 단어를 써 보세요.

1. 새로운 법이 다음 달부터 ㅅㅎ 됩니다.
2. 이 행사의 ㅊㅈ 는 학생들에게 꿈을 심어 주는 것이에요.
3. 교통 혼잡 문제를 ㅎㅅ 하기 위해 지하철을 늘렸어요.
4. 발표 내용의 부족한 부분을 ㅂㅇ 해서 다시 준비했어요.

논술 개요 잡기

1. 고교 학점제란 무엇인가요?

----

2. 학교에서 배우고 싶은 것에 대해 생각하고 써 보세요.

- 학교에서 배우고 싶은 과목이나 내용

- 그 수업을 선택하고 싶은 이유

- 고교 학점제가 잘 시행되려면 필요한 것

재정 긴축 vs. 부유세, 프랑스의 선택은?

프랑스 전역에서 정부의 긴축 재정안에 반대하는 대규모 **시위**가 벌어지고 있어요. 전국에서 수백 건의 시위가 발생했고, 수십만 명의 시민들이 거리로 나섰답니다. 교사들이 파업에 참여했고, 대부분의 약국이 문을 닫을 정도로 사회 전체가 마비되었어요.

이런 혼란이 일어나게 된 이유는 프랑스의 심각한 재정 **적자** 때문이에요. 재정 적자는 정부가 쓰는 돈이  거두는 세금보다 많을 때 생겨요. 이런 상황이 계속되면 국가 **부채**가 늘어나 경제가 어려워져요. 프랑스 정부는 부채를 줄이기 위해 **복지** 지출과 공휴일을 줄이는 정책을 추진하려고 했어요. 하지만 시민들은 이런 정책이 서민들에게 부담을 준다며 반발하고 있어요.

시민들이 대신 요구하고 있는 것은 바로 '부유세' 도입이에요. 이에 찬성하는 경제학자들은 부유층에게 더 높은 세금을 부과하자고 제안했어요. 재산이 많은 사람들에게 추가로 세금을 걷어 나라의 빚을 줄이자는 주장이지요. 하지만 부유층에게 더 높은 세금을 부과하면 경제 활동이 위축되고 투자가 줄어들 수 있다는 우려가 있어요. 현재 프랑스 정치권은 이 문제로 크게 갈라져 있어요. 좌파 정당들은 부유세를 요구하고 있고, 우파는 경제에 악영향을 줄 수 있다며 반대하고 있어요. 이런 갈등 속에서 프랑스가 어떤 선택을 할지 전 세계가 주목하고 있어요.

- **시위**: 많은 사람들이 모여서 요구 사항을 주장하는 행동
- **적자**: 들어온 돈보다 나간 돈이 더 많은 상태
- **부채**: 남에게 빚진 돈
- **복지**: 국민들이 행복하고 편안하게 살 수 있도록 돕는 제도

배경지식 더하기

우파와 좌파는 정치적 성향을 나타내는 말이에요. 우파는 보수적인 성향으로 시장 경제와 기업의 자유로운 활동을 중요하게 생각해요. 세금을 낮추고 정부의 개입을 줄이자는 입장이지요. 좌파는 진보적인 성향으로 평등과 복지를 중요하게 생각해요. 부자들에게 세금을 더 걷어 가난한 사람들을 돕자는 입장이랍니다.

단어 깊이 알아보기

다음 빈칸에 알맞은 단어를 써 보세요.

1. 시민들이 광장에 모여 ＿＿＿＿ 를 했어요.
2. 회사가 올해 ＿＿＿＿ 를 기록해서 손실을 봤어요.
3. 국가의 ＿＿＿＿ 가 너무 많아서 경제가 어려워요.
4. 정부가 노인 ＿＿＿＿ 제도를 강화했어요.

논술 개요 잡기

1. 프랑스에서 대규모 시위가 일어난 이유는 무엇인가요?

----

2. 부유세에 대한 나의 입장을 써 보세요.

- 나는 부유세에 찬성하는지 반대하는지

- 찬성(또는 반대)하는 이유

- 내가 생각하는 나라의 빚을 줄일 수 있는방법

우주 발사체 폭발, 멕시코까지 날아간 잔해들

2025년 6월 화성 탐사를 꿈꾸는 일론 머스크의 우주 발사체 회사 스페이스X에서 대형 사고가 일어났어요. 지난달 18일 텍사스주 발사장에서 거대한 우주선 '스타십'의 엔진을 시험하던 중 폭발이 일어났거든요. 이 폭발로 생긴 잔해물들이 바람을 타고 멀리 날아가 멕시코 북부 해안가까지 떨어졌답니다.

멕시코 마타모로스 지역 주민들은 주황색 하늘을 볼 수 있었고, 갑자기 집들도 흔들렸지요. 다행히 사람이 다치지는 않았지만, 바다와 해변이 로켓 조각들로 오염되었어요. 멕시코 대통령은 "다른 나라 로켓이 우리 땅을 더럽혔다"라며 국제법에 따라 스페이스X에 책임을 묻겠다고 했어요. 스페이스X는 "**잔해물**은 위험하지 않다"라고 **해명**하며 멕시코 정부에 청소 작업 지원을 약속했어요.

활발한 우주 연구는 지구 환경에 나쁜 영향을 주고 있어요. 로켓이 발사되면서 연료가 과다하게 사용되고, **매연**과 이산화 탄소 배출량이 3배나 늘어났다는 연구도 있어요. 게다가 수명이 다한 발사체들이 지구로 떨어지는 과정에서 발사체가 **연소**하며 대기를 더 오염시켜요. 전문가들은 우주에서 나오는 오염 물질이 지구 온난화에 큰 영향을 준다고 말하고 있답니다. 인류의 우주 연구가 지구 환경을 해치지 않도록 더 안전하고 친환경적인 기술의 개발이 필요해 보여요.

- **잔해물:** 부서지거나 파괴된 후 남은 조각들
- **해명:** 의심이나 오해를 풀기 위해 설명하는 것
- **매연:** 물건이 탈 때 나오는 검은 연기
- **연소:** 물질이 산소와 결합하여 타는 현상

배경지식 더하기

스페이스X는 일론 머스크가 2002년에 설립한 미국의 우주 회사예요. 인류가 화성에 가서 살 수 있도록 만드는 것이 목표랍니다. 스페이스X는 재사용이 가능한 로켓을 개발해 우주여행 비용을 크게 줄였어요. 한 번 쓰고 버리던 로켓을 다시 착륙시켜 여러 번 사용할 수 있게 만든 것이지요.

단어 깊이 알아보기

다음 설명에 맞는 단어를 써 보세요.

1. 부서지거나 파괴된 후 남은 조각들: _____
2. 의심이나 오해를 풀기 위해 설명하는 것: _____
3. 물건이 탈 때 나오는 검은 연기: _____
4. 물질이 산소와 결합하여 타는 현상: _____

논술 개요 잡기

1. 우주 연구가 지구 환경에 나쁜 영향을 주는 이유는 무엇인가요?

----

2. 우주 탐사에 대한 나의 생각을 써 보세요.

- 우주 탐사의 좋은 점

- 우주 탐사의 나쁜 점

- 나는 우주 탐사에 찬성하는지 반대하는지

논술 개요 잡기 정답: 1. 로켓이 이륙할 시 대량의 이산화 탄소, 블랙 카본 등을 배출하며, 대기 상층부에 오랫동안 잔존하여 온실가스 만들기 때문에 기후에 악영향
단어 깊이 알아보기 정답: 1. 잔해물 2. 해명 3. 매연 4. 연소

교육청 예산으로 운전면허 학원비까지?

최근 경기도교육청이 고3 학생에게 운전면허 취득비로 30만 원을 지급하기로 했어요. 고등학교 3학년 학생이라면 가정 형편과 관계없이 누구나 신청할 수 있지요. 그런데 이 정책을 두고 과연 교육청에서 운전면허 학원비까지 지원하는 게 타당하냐는 논란이 일어났어요.

일부 학부모들은 가정의 경제적 부담을 덜어준다며 반가워했어요. 고등학교를 졸업하면 사회로 나가는 학생들에게 필요한 자격증 취득을 돕는 것도 의미가 있다는 것이죠. 교육청도 평생 교육 차원에서 학생들이 미래를 준비하는 데 도움이 된다고 주장했어요. 하지만 운전면허와 교육과 무슨 관계가 있느냐는 비판도 만만치 않아요. 교육 본질과 무관한 예산 낭비라는 거예요.

특히 내년 교육감 선거를 앞두고 나온 정책이라 논란이 더 커졌어요. 고3 학생들은 생일이 지나면 만 18세가 되어 선거에서 투표할 수 있거든요. 그래서 선거를 의식한 포퓰리즘 정책이 아니냐는 비판이 나오고 있지요. 또한 한번 시작한 복지는 줄이기 어려워 예산 부담이 계속 늘어날 것이라는 우려도 제기되고 있어요. 교사들은 "**혈세**로 선거 운동을 하는 것이 아니냐"라며 진짜 필요한 곳에 학교 교육 예산을 사용할 것을 **촉구**했어요. 교육부도 이런 현금 복지를 **남발**하는 교육청의 예산을 **삭감**하겠다고 밝혔어요.

- **혈세:** 피 같은 세금이란 뜻으로 국민이 힘들게 낸 세금을 뜻함
- **촉구:** 어떤 일을 빨리하도록 강하게 요구하는 것
- **남발:** 함부로 마구 내보내거나 사용하는 것
- **삭감:** 정해진 금액이나 수량을 줄이는 것

배경지식 더하기

포퓰리즘 정책이란 대중의 인기를 얻기 위해 실속 없는 공약이나 정책을 내세우는걸 말해요. 선거를 앞두고 유권자의 표를 의식해 현금을 나눠 주거나 과도한 복지를 약속하는 경우가 대표적이에요. 당장은 좋아 보이지만 장기적으로는 재정 부담을 키우고 진짜 필요한 곳에 예산을 쓰지 못하게 되는 문제가 있답니다.

단어 깊이 알아보기

다음 신문 기사 제목을 읽고 빈칸에 알맞은 단어를 써 보세요.

1. "불필요한 사업에 국민 _____ 낭비 논란"
2. "시민 단체, 정부에 대책 마련 _____"
3. "지자체, 현금 지원 _____ 으로 재정 악화"
4. "정부, 내년도 복지 예산 대폭 _____ 방침"

논술 개요 잡기

1. 경기도교육청의 운전면허 취득비 지원 정책이 논란이 된 이유는 무엇인가요?

_____

2. 교육청 예산 사용에 대한 내 생각을 써 보세요.

- 교육청이 우선적으로 예산을 써야 할 곳

_____

- 운전면허 취득비 지원이 교육 예산으로 적절한지

_____

- 학생들에게 더 필요한 지원

_____

브라질 닭고기 수입 중단, 치킨값 오를까?

고병원성 조류 독감이 세계 최대 닭고기 수출국인 브라질을 **강타했어요**. 브라질 정부는 자국의 양계장에서 조류 독감이 퍼지자 60일 동안 닭고기 수출을 전면 중단한다고 발표했답니다.

우리나라는 브라질로부터 엄청나게 많은 닭고기를 가져와요. 1년간 우리나라에서 먹은 전체 닭고기 중 약 20%가 브라질산이었거든요. 특히 수입 닭고기의 86%가 브라질에서 가지고 온 것이니, 얼마나 의존도가 높은지 알 수 있지요. '지코바치킨', '노랑통닭', '맘스터치' 같은 치킨 브랜드들이 순살치킨을 만들 때 브라질산 닭고기를 사용하고 있어요. 브라질산 닭고기 수입 중단으로 가장 큰 타격을 받는 곳은 중소 치킨 업체들과 골목 상권이에요. 편의점 CU에서는 순살치킨, 닭강정, 치킨버거 등 약 15종의 제품에 브라질산 닭고기가 들어가 있어요. 이런 업체들은 대체 공급처를 찾고 있지만 쉽지 않은 상황이에요.

브라질은 세계 2위 닭고기 생산국이자 세계 최대 수출국이라 다른 나라에서는 그만큼 많은 양을 구하기가 어렵답니다. 다행히 치킨 업체들은 약 2개월 정도 버틸 수 있는 **재고**를 보유하고 있어서 당장 가격이 오르지는 않을 것으로 보여요. 정부도 태국 등 다른 나라에서 닭고기를 수입하는 방안을 준비하고 있어요. 하지만 전문가들은 **수급** 불안이 계속되면 치킨값이 오를 수도 있다고 경고했어요.

- **고병원성**: 병을 일으키는 능력이 매우 강한 것
- **강타하다**: 세차게 치거나 큰 피해를 입힘
- **재고**: 팔리지 않고 남아 있는 물건
- **수급**: 물건이나 돈을 받아들이고 내보내는 것

배경지식 더하기

조류 독감은 닭, 오리 같은 조류에게 생기는 전염병이에요. 조류 독감이 발생하면 빠르게 퍼지기 때문에 감염된 닭과 오리를 모두 없애는 살처분을 해야 해요. 현재까지 사람 간 전염 사례는 드물지만 일부 유형은 인간에게 치명적일 수 있답니다. 우리나라에서도 조류 독감이 발생하면 살처분을 통해 확산을 막고 있어요. (*살처분: 죽여서 묻거나 태움)

단어 깊이 알아보기

다음 단어와 뜻을 알맞게 연결해 보세요.

1. 고병원성 •   • ① 물건이나 돈을 받아들이고 내보내는 것
2. 재고   •   • ② 병을 일으키는 능력이 매우 강한 것
3. 수급   •   • ③ 팔리지 않고 남아 있는 물건

논술 개요 잡기

1. 브라질산 닭고기 수입이 중단되면 우리나라 치킨 업체들이 어려움을 겪는 이유는 무엇인가요?

----

2. 내가 좋아하는 치킨에 대해 써 보세요.

- 내가 가장 좋아하는 치킨 메뉴와 가격

- 그 가격이 적절하다고 생각하는지와 그 이유

- 내가 사장이라면 어떤 치킨 메뉴를 팔 건지

빌린 돈 안 갚아도 괜찮아요, 빚 탕감 논란

정부가 은행에서 돈을 빌린 후 오랫동안 갚지 못한 사람들의 **채무**를 **탕감**해 주기로 했어요. 돈을 빌린 지 7년이 넘었고 5,000만 원보다 적은 채무가 있는 사람들이 대상이에요. 이번 정책으로 도움을 받을 수 있는 사람은 약 110만 명 이상이 될 것으로 예상돼요.

채무 탕감 정책은 경제적으로 어려움에 빠진 사람들의 **재기**를 돕는 것이 목적이에요. 빚을 갚지 못해 **신용 불량자**가 되면 **금융 거래**를 할 수 없어 정상적인 생활을 하기 어려워요. 신용 불량자 신분에서 벗어나면 신용 카드를 다시 사용할 수 있고, 새로운 사업을 시작하거나 취업 기회도 늘어날 수 있어요. 많은 사람들이 경제 활동에 다시 참여하게 되면 우리나라 전체 경제에도 도움이 될 것으로 예상돼요. 하지만 이 정책을 반대하는 사람들도 많아요. 가장 큰 문제는 **형평성**이에요. 어려운 상황에서도 성실하게 빚을 갚은 사람들이 많이 있는데, 돈을 갚지 않은 사람들이 혜택을 받는 것이 불공정하다는 거예요.

또한 도덕적 해이가 생길 수 있다고 걱정해요. 언젠가는 정부가 빚을 없애줄 것이라는 기대에 대출금을 성실하게 갚지 않는 사람이 생길 수 있다는 것이지요. 병원비 같은 어쩔 수 없는 빚이 아니라, 도박이나 투자 실패로 생긴 빚까지 탕감해 주는 것도 문제라는 지적이 있답니다.

- **채무**: 다른 사람에게 돈을 갚아야 할 의무
- **탕감**: 빚진 돈을 없애 주는 것
- **재기**: 실패한 후 다시 일어나는 것
- **신용 불량자**: 빌린 돈을 갚지 못해서 금융 거래가 제한되는 사람
- **금융 거래**: 은행에서 돈을 빌리거나 저축하는 활동
- **형평성**: 공평하고 균형이 맞는 것

배경지식 더하기

도덕적 해이는 어떤 보호나 혜택이 있을 때 사람들이 무책임하게 행동하는 현상을 말해요. 보험금을 청구하기 위해 불필요한 의료 서비스를 받거나, 실업 급여에 의존해 취업 활동을 소극적으로 하는 경우를 말하지요. 복지 정책을 만들 때는 도덕적 해이가 생기지 않도록 신중하게 설계해야 해요.

단어 깊이 알아보기

다음 단어와 뜻을 알맞게 연결해 보세요.

1. 채무 · · ① 실패한 후 다시 일어나서 시작하는 것
2. 탕감 · · ② 다른 사람에게 빚을 진 것
3. 재기 · · ③ 빚이나 세금을 덜어 주거나 없애 주는 것

논술 개요 잡기

1. 채무 탕감 정책을 찬성하는 이유와 반대하는 이유를 써 보세요.

찬성: _____

반대: _____

2. 채무 탕감 정책에 대한 나의 입장을 써보세요.

- 채무 탕감 정책에 대한 나의 입장

_____

- 그렇게 생각하는 이유

_____

- 더 좋은 해결 방법이 있다면 제안하기

_____

중국 관광객 무비자 입국 논란

정부가 중국인 관광객에 대한 무비자 입국을 허용하면서 찬반 논란이 뜨겁게 일고 있어요. 무비자 입국은 여권만 있으면 비자(입국 허가증) 없이 다른 나라에 들어갈 수 있는 제도예요. 정부는 관광 산업을 살리고 경제를 활성화하기 위해 이 제도를 시행했어요. 그러나 일부 국민은 무비자 입국 정책에 강하게 반대하고 있어요. 가장 큰 이유는 안전 문제예요. 비자 심사 없이 입국을 허용하면 범죄 **전력**이 있는 사람이나 **불법 체류** 목적의 사람도 쉽게 들어올 수 있다는 우려 때문이죠.

실제로 일부 중국인 관광객이 절도나 불법 체류 같은 범죄를 저지르는 사례가 발생하자 일부 지역에서는 중국인 관광객을 반대하는 시위가 벌어지고, **혐중** 정서가 확산되고 있어요. 심지어 대만 관광객들이 자신이 중국인이 아닌 대만인임을 알리는 배지를 달고 다니는 일까지 일어나고 있어요.

한편에서는 이런 움직임이 외국인 혐오를 **조장**한다고 우려하고 있어요. 지금 한국 경제에 가장 필요한 것은 내수 활성화와 관광 산업 회복인데, 혐중 분위기가 오히려 경제에 악영향을 줄 수 있다는 거예요. 특히 중국은 한국의 최대 무역 상대국이자 외교적으로 중요한 나라예요. 중국과의 관계가 나빠지면 경제와 외교에서 큰 타격을 받을 수 있어서 최적의 해결책을 찾는 것이 시급해요.

- **전력:** 과거에 저지른 범죄 기록
- **불법 체류:** 허가 없이 다른 나라에 계속 머물러 있는 것
- **혐중:** 중국을 싫어하고 미워하는 감정
- **조장:** 어떤 현상이나 감정을 부추겨서 더 심하게 만드는 것

배경지식 더하기

비자는 외국인이 다른 나라에 들어갈 때 필요한 입국 허가증이에요. 비자를 발급받을 때는 범죄 전력이나 불법 체류 가능성 등을 심사받아야 해요. 무비자 입국은 이런 절차 없이 여권만으로 입국할 수 있게 하는 제도예요. 관광을 활성화하려는 목적이지만, 입국 심사가 간소해지는 만큼 안전 관리가 중요한 문제로 떠오른답니다.

단어 깊이 알아보기

다음 문장의 초성에 알맞은 단어를 써 보세요.

1. 범죄 ㅈㄹ 이 있는 사람은 입국이 제한될 수 있어요.
2. 관광 비자가 끝났는데도 계속 머물면 ㅂㅂ ㅊㄹ 가 돼요.
3. 일부 사람들의 ㅎㅈ 정서가 확산되면서 중국 관광객을 반대하는 시위가 일어났어요.
4. 거짓 뉴스가 국민들의 불안을 ㅈㅈ 했어요.

논술 개요 잡기

1. 무비자 입국이란 무엇인가요?

----

2. 중국인 무비자 입국에 대한 나의 생각을 써 보세요.

- 무비자 입국의 좋은 점

- 무비자 입국의 문제점

- 나는 무비자 입국에 찬성하는지 반대하는지

극장 영화, 6개월 동안 OTT에서 못 본다?

영화관에서 상영이 끝난 영화를 6개월 동안 '온라인 동영상 서비스(OTT)'에 올리지 못하게 하는 법안이 **발의**되면서 논란이 일고 있어요. '홀드 백(Hold Back)'이라고 불리는 이 제도는 극장 산업을 보호하기 위한 것이지만, 영화 투자사와 **OTT** 업계는 강하게 반대하고 있어요.

이 법안은 극장 상영이 끝나고 6개월이 지나야 넷플릭스 같은 OTT 플랫폼에 영화를 올릴 수 있도록 한 법안이에요. 이를 어기면 5,000만 원 이하의 **과태료**를 내야 하죠. 이 법안이 나온 이유는 극장 관객이 크게 줄었기 때문이에요.

2019년에는 약 2억 3천만 명이 극장을 찾았는데, 2024년에는 1억 2천만 명으로 5년 만에 절반 가까이 감소했어요. 반면 OTT 산업은 빠르게 성장했고, 극장 **개봉** 직후 바로 영화를 공개하는 경우가 많아졌어요. 조금만 기다리면 OTT로 볼 수 있다는 생각 때문에 사람들이 영화를 더 보지 않는 것이지요. 그래서 이 법안이 시행되면 사람들이 최신 영화를 보기 위해 영화관에 다시 오게 하려는 거예요. 하지만 영화 제작사들은 6개월이 너무 길다고 반대해요. 극장 상영이 끝난 6개월 동안은 큰 수익을 거둘 수 없기 때문이에요. OTT 업체들도 영화를 빨리 공개하지 못하면 아예 극장 개봉을 포기하고 OTT 전용 영화만 만들 수 있다며 우려하고 있어요.

- **발의**: 법이나 정책을 만들자고 제안하는 것
- **OTT**: 인터넷으로 영화나 드라마를 볼 수 있는 서비스 (넷플릭스, 디즈니플러스 등)
- **과태료**: 법을 어겼을 때 내야 하는 벌금
- **개봉**: 영화가 처음으로 극장에서 상영되는 것

배경지식 더하기

스크린 쿼터제는 극장에서 1년 중 정해진 일수 안에 한국 영화를 반드시 상영하도록 의무화하는 제도예요. 현재 우리나라는 1년에 73일 이상 한국 영화를 상영해야 해요. 이 제도는 해외 영화가 너무 많이 상영되면 한국 영화의 상영 기회가 줄어들 것을 우려해 만들어졌어요.. 한국 영화 산업을 보호하고 발전시키기 위한 장치인 거죠. 이번에 발의된 홀드백 법안도 비슷한 목적으로 영화 산업을 지키려는 시도랍니다.

 단어 깊이 알아보기

다음 빈칸에 알맞은 단어를 써 보세요.

1. 국회 의원이 새로운 법을 _____ 했다
2. 넷플릭스와 디즈니플러스는 대표적인 _____ 이다
3. 주차 위반을 하면 _____ 를 내야 한다
4. 이번 주에 새로운 영화가 _____ 한다

 논술 개요 잡기

1. 홀드 백 법안이 만들어진 가장 큰 이유는 무엇인가요?

----

2. 영화를 보는 방법에 대한 내 생각을 써 보세요.

- 평소 영화를 어디서 주로 보는지와 그 이유

- OTT로 영화를 보면 좋은 점

- 극장에서 영화를 보면 좋은 점

서울대 교수님들, 성과에 따라 월급을 받아요

최근 서울대학교에서 뛰어난 교수들이 해외로 떠나는 **인재 유출** 문제가 심각해지고 있어요. 2011년부터 지금까지 서울대를 떠나 외국 대학으로 **이직**한 교수가 50명이 넘어요. 유능한 교수들이 한국을 떠나는 가장 큰 이유는 2012년부터 정부가 대학 **등록금** 인상을 금지하면서 교수들 월급이 10년 넘게 제자리걸음을 했기 때문이에요. 그 사이 외국 대학들은 우리나라의 우수한 교수들을 3~4배 높은 월급으로 데려갔답니다. 이 상황을 해결하기 위해 서울대는 성과 연봉제를 **도입**하기로 결정했어요.

지금까지 서울대는 '호봉제'라는 방식으로 교수들의 월급을 지급했어요. 호봉제란 일한 기간에 따라 월급이 정해지는 제도예요. 나이와 경력에 따라 더 많은 돈을 받는 거지요. 아무리 뛰어난 연구 성과를 내도 경력이 짧으면 적은 돈을 받아요. 반면 '성과 연봉제'는 개인의 실력이나 성과에 따라 월급이 달라지는 제도예요. 나이가 어리거나 경력이 짧아도 성과가 좋으면 더 많은 월급을 받을 수 있답니다.

서울대는 연구와 강의 실력을 평가해서 교수들을 네 등급으로 나눌 예정이에요. 우리나라 대학에도 이런 제도를 도입하게 된 것이 반갑다는 의견도 있지만, 학문 분야마다 연구 방식이 다르고 연구 성과를 공정하게 평가하기 어렵다는 걱정의 목소리도 나오고 있어요.

- **인재 유출**: 뛰어난 사람들이 다른 곳으로 떠나는 현상
- **이직**: 다른 직장으로 옮기는 것
- **등록금**: 학교에 다니기 위해 내는 돈
- **도입**: 새로운 제도나 방법을 받아들이는 것

배경지식 더하기

인재 유출을 '브레인 드레인(Brain Drain)'이라고도 불러요. 이는 우수한 인력이 더 좋은 조건을 찾아 다른 나라로 이동하는 현상을 말하지요. 반대로 **'브레인 게인(Brain Gain)' 은 인재가 다른 나라에서 들어오는 현상을 말해요.** 최근 우리나라는 소중한 인재가 해외로 나가는 인재 유출 현상이 심해지고 있어요.

단어 깊이 알아보기

다음 설명을 읽고 알맞은 단어를 고르세요.

1. 뛰어난 사람들이 다른 곳으로 떠나는 현상은? ① 인재 등용 ② 인재 유출 ③ 인재 양성
2. 다른 직장으로 옮기는 것은? ① 승진 ② 이직 ③ 퇴직
3. 학교에 다니기 위해 내는 돈은? ① 등록금 ② 생활비 ③ 교통비

논술 개요 잡기

1. 호봉제와 성과 연봉제의 차이를 적어보세요.

호봉제: _____

성과 연봉제: _____

2. 호봉제와 성과 연봉제 중 무엇이 더 좋다고 생각하는지 써 보세요.

- 더 좋다고 생각하는 제도 선택하기

_____

- 내가 선택한 제도가 좋다고 생각한 이유

_____

- 공정한 평가 방법 제안하기

_____

전 남편 동의 없는 배아 이식, 괜찮을까?

최근 한 여성이 이혼한 전 남편과 결혼 중에 냉동 보관했던 배아로 임신한 사례가 알려지며 논란이 일었어요. 배아란 정자와 난자가 만나 수정된 초기 상태를 말해요. 자연적으로 아이를 갖기 어려운 부부가 병원에서 수정란을 만든 뒤 냉동 보관했다가 나중에 임신할 때 사용하지요. 배아는 약 5년 정도 보관이 가능하고, 이후에는 **폐기** 돼요. 이 여성은 병원으로부터 보관했던 배아의 폐기 시점이 다가온다는 연락을 받자, 전남편의 동의 없이 **독자적으로** 임신을 결정한 거예요.

현행법에서는 배아를 만들 때 부부 모두의 동의가 필요해요. 하지만 냉동 보관한 배아를 나중에 이식할 때는 별다른 동의 절차가 없었던 거예요. 이에 대해 **현행법**상 문제가 없었고, 임신하고 **분만**하는 과정을 겪는 사람은 여성이기 때문에, 여성 본인의 결정을 존중해야 한다는 의견이 있어요.

하지만 반대 의견도 만만치 않아요. 전남편 입장에서는 자신도 모르는 사이에 아이의 아버지가 되는 셈이거든요. 법적으로 아버지가 되면 양육비를 내야 하고 여러 책임이 생겨요. 남성도 아이를 가질지 말지 결정할 권리가 있는데, 이런 권리가 무시되었다는 것이지요. 해당 여성과 전남편은 태어날 아이에 대해 부모로서 최선을 다하겠다고 밝혔어요. 하지만 관련 규정을 더 보강해야 한다는 목소리가 나오고 있어요.

- **폐기**: 쓸모없거나 필요 없는 것을 버리는 것
- **독자적으로**: 다른 사람의 도움이나 간섭 없이 스스로 행동하는 것
- **현행법**: 지금 시행되고 있는 법에 따라야 하는 것
- **분만**: 아기를 낳는 것

배경지식 더하기

1년 이상 노력해도 자연 임신이 되지 않는 경우를 난임이라고 해요. 이럴 때 병원에서는 시험관 시술을 해요. 여성의 몸에서 난자를 꺼내고 남성의 정자를 받아 실험실에서 수정시키는 거예요. 수정된 배아를 며칠 키운 뒤 여성의 자궁에 넣는 수술을 거치면 임신이 될 수 있어요. 한 번에 여러 개의 배아를 냉동 보관했다가 나중에 사용하기도 한답니다.

단어 깊이 알아보기

다음 단어와 뜻을 알맞게 연결해 보세요.

1. 폐기 ・　　　　・ ① 아기를 낳는 것
2. 독자적으로 ・　　　　・ ② 쓸모없거나 필요 없는 것을 버리는 것
3. 현행법 ・　　　　・ ③ 다른 사람의 도움이나 간섭 없이 스스로 행동하는 것
3. 분만 ・　　　　・ ③ 지금 시행되고 있는 법에 따라야 하는 것

논술 개요 잡기

1. 배아란 무엇인가요?

----

2. 여성의 임신 결정권에 대한 나의 생각을 써 보세요.

- 여성이 혼자 임신을 결정할 수 있어야 하는 이유

- 남성의 동의도 필요한 이유

- 나는 누구의 의견에 동의하는지

주말엔 쉬어가기 | # 7주 차 찬반 토론하기

자신감이 높아지는 단어 퀴즈

1. 다음 설명하는 단어의 뜻이 맞으면 O, 틀리면 X표 하세요.

> (1) 재기는 실패 후 다시 일어나는 것이다.   (O / X)
>
> (2) 혐중은 중국을 좋아하는 감정이다.   (O / X)
>
> (3) 조장은 나쁜 것을 부추기는 것이다.   (O / X)
>
> (4) 폐기는 쓸모없는 것을 버리는 것이다.   (O / X)
>
> (5) 도입은 새로운 것을 받아들이는 것이다.   (O / X)

2. 초성을 보고 빈칸을 채워 우파와 좌파의 입장이 무엇이 다른지 정리해 보세요.

(참고: 155쪽)

우파는

ㅂㅅ적인 성향으로 시장 경제와 ㄱㅇ의 자유로운 활동을 중요하게 생각해요. ㅅㄱ을/를 낮추고 정부의 ㄱㅇ을(를) 줄이자는 입장이지요.

정답: _____ _____

_____

좌파는

ㅈㅂ적인 성향으로 평등과 ㅂㅈ를 중요하게 생각해요. 부자들에게 ㅅㄱ을(를) 더 걷어 ㄱㄴㅎ 사람들을 돕자는 입장이랍니다.

정답: _____ _____

_____

> 호기심이 깊어지는 생각 퀴즈

1. '우주선' 하면 떠오르는 단어를 자유롭게 써 보세요.

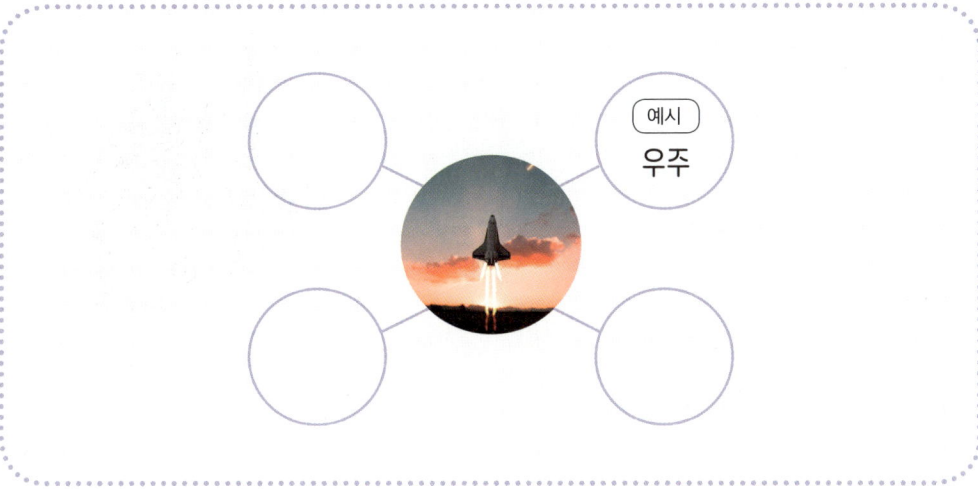

예시: 우주

2. 내가 좋아하는 치킨을 떠올리며 광고지를 자유롭게 만들어 보세요.

이제 알츠하이머 진단도 AI가!

　LG가 개발한 인공 지능(AI)이 알츠하이머병을 92%의 정확도로 **진단**할 수 있게 되었어요. 이는 병원에서 의사가 직접 진단할 때의 정확도인 60~70%보다 훨씬 높은 수치예요. 우리나라 기업인 'LG AI 연구원'과 세계적인 연구 기관 '잭슨랩'이 함께 연구해서 얻은 성과랍니다.

　알츠하이머병은 기억력이 점점 사라지는 뇌 질환이에요. 뇌 속 신경 세포들이 서서히 죽어가면서 기억, 언어, 판단 능력 등이 떨어지는 병이지요. 이 병에 걸리면 처음에는 최근 일들을 잘 기억하지 못하다가 점점 오래된 기억까지 잃게 되고, 심한 경우 가족도 알아보지 못하게 돼요. 우리나라에서도 고령화가 진행되면서 치매 환자가 계속 늘어나고 있어요. 하지만 아직 완전히 치료할 수 있는 방법이 없어 **조기 발견**하는 것이 최선이랍니다.

　LG가 개발한 '모이라'라는 인공 지능은 환자의 다양한 검사 데이터를 종합해서 분석해요. 지금까지 의료진들이 겪었던 가장 큰 어려움은 환자마다 검사받은 내용이 달라서 정보가 빠져 있는 경우가 많았다는 점이었어요. '모이라'는 이런 부족한 정보를 다른 환자들의 **유사한** 데이터를 바탕으로 **보완**해서 진단하는 기능이 있답니다. 전 세계적으로 많은 기업들이 의료 분야에 AI를 접목한 기술을 개발하고 있어요. 이런 기술 발전을 통해 많은 환자와 가족들에게 희망을 줄 수 있었으면 좋겠어요.

- **진단**: 병이나 문제의 원인과 상태를 검사해서 알아내는 것
- **조기 발견**: 병이나 문제를 일찍 찾아내는 것
- **유사한**: 서로 비슷한 것
- **보완**: 부족한 부분을 보충해서 완전하게 만드는 것

배경지식 더하기

치매는 뇌 기능이 손상되어 기억력과 사고 능력이 떨어지는 병을 말해요. 치매의 가장 흔한 원인이 바로 알츠하이머병이랍니다. 우리나라 65세 이상 노인 10명 중 1명이 치매를 앓고 있어요. 치매는 완치가 어렵지만 조기에 발견하면 약물 치료로 증상 악화를 늦출 수 있답니다.

단어 깊이 알아보기

다음 빈칸에 알맞은 단어를 써 보세요.

1. 병원에서 건강 검진을 받고 건강 상태를 _____ 받았어요.
2. 암을 _____ 하면 치료가 훨씬 쉬워요.
3. 쌍둥이 형제는 생김새가 서로 _____ 모습이에요.
4. 발표 내용의 부족한 점을 _____ 해서 다시 준비했어요.

논술 개요 잡기

1. 알츠하이머병이란 무엇인가요?

----

2. AI와 의료 기술 발전에 대한 나의 생각을 써 보세요.

- AI가 병을 진단하면 좋은 점

- 미래에 개발되었으면 하는 의료 기술

- 그 기술이 필요한 이유

가자 지구 전쟁 2년 만의 휴전과 인질 석방

2025년 10월 15일 이스라엘과 팔레스타인 무장 단체 하마스가 2년간 넘게 이어진 전쟁을 멈추고 휴전에 합의했어요. 이스라엘과 팔레스타인은 같은 땅을 두고 서로 자기 땅이라고 주장하며 70년째 전쟁을 반복하고 있어요. 이번 전쟁도 팔레스타인 **무장 단체** 하마스가 2023년 10월 이스라엘을 공격하며 시작된 것이지요.

휴전 합의에는 도널드 트럼프 미국 대통령의 강력한 압박이 큰 역할을 했어요. 트럼프 대통령은 "합의하지 않으면 지옥이 펼쳐질 것"이라고 경고했습니다. 하마스는 이 압박에 **인질** 석방을 받아들였고, 이스라엘도 가자 지구(지중해 연안에 있는 팔레스타인의 통치 지역) 공격을 중단했어요. 트럼프 대통령은 자신이 세계의 여러 전쟁을 끝내고 있다며 노벨 평화상을 받아야 한다고 주장했지만, 수상하지는 못했어요. 이번 1단계 휴전 협정에 따라 하마스는 **억류**하고 있던 이스라엘 인질 20명을 모두 풀어줬고, 이스라엘도 팔레스타인 수감자 1,966명을 석방했어요. 이로써 군인은 물론 많은 민간인과 어린이들이 희생되었던 2년간의 전쟁이 **종식**될 수 있다는 희망이 보이고 있어요. 트럼프 대통령은 이스라엘과 이집트를 차례로 방문해 이스라엘 의회에서 "전쟁은 끝났다"라고 선언했어요. 하지만 하마스의 무장 해제와 이스라엘군의 완전한 철수 등 아직 넘어야 할 산이 많아요. 평화를 위한 2단계 합의가 잘 이루어져 중동에 평화가 찾아왔으면 좋겠어요.

- **무장 단체**: 무기를 가지고 조직을 이룬 집단
- **인질**: 요구 사항을 관철하기 위해 붙잡아둔 사람
- **억류**: 사람을 강제로 붙잡아 가두는 것
- **종식**: 어떤 일이 완전히 끝나는 것

배경지식 더하기

현재 이스라엘이 있는 곳은 수천 년 전 유대인들의 땅이었지만, 시간이 흐르며 팔레스타인 사람들이 살게 되었어요. 그런데 1948년 유대인들이 돌아와 이스라엘을 세우며 팔레스타인 사람들을 쫓아냈어요. 팔레스타인 사람들은 순순히 물러나지 않았고, 두 나라 모두 그 땅이 자기의 땅이라며 전쟁을 반복하고 있어요.

단어 깊이 알아보기

다음 문장의 초성에 알맞은 단어를 써 보세요.

1. ㅁㅈ ㄷㅊ가 마을을 공격했어요.
2. 범인이 은행에서 사람들을 ㅇㅈ로 잡고 돈을 요구했어요.
3. 외국에서 우리 국민이 불법으로 ㅇㄹ되는 사건이 발생했어요.
4. 오랜 전쟁이 드디어 ㅈㅅ되었어요.

논술 개요 잡기

1. 이스라엘과 하마스가 휴전에 합의하게 된 계기는 무엇인가요?

----

2. 분쟁 지역의 평화에 대한 나의 생각을 써 보세요.

- 이스라엘과 팔레스타인이 70년째 싸우는 이유

- 분쟁을 해결하기 위해 필요한 것

- 두 나라 사람들에게 해주고 싶은 말

세대를 초월하는 가수, 가왕 조용필

출처: 아크로팬

2025년 추석 연휴 기간 KBS에서 방영된 가왕 조용필의 콘서트 〈이 순간을 영원히〉가 높은 시청률을 기록하며 화제를 모았어요. 조용필의 공연이 TV로 방영된 것은 무려 28년 만이에요. 조용필은 대한민국 대중음악의 살아 있는 역사예요.

국내 최초로 단일 앨범 밀리언 셀러를 달성했고, 누적 음반 판매량 1,000만 장을 돌파한 첫 가수예요. 한국인 최초로 일본 골든 디스크상을 받았고, 서울 올림픽주경기장의 모든 좌석이 **매진**되기도 했어요. 일본 NHK홀과 미국 카네기홀에서 공연한 최초의 한국 가수이며, 국내 대중가수 중 최다 곡이 음악 교과서에 수록되기도 했어요. 〈돌아와요 부산항에〉, 〈모나리자〉, 〈바람의 노래〉, 〈킬리만자로의 표범〉, 〈고추잠자리〉, 〈바운스〉 등 셀 수도 없이 많은 히트곡을 남겼고, 트로트, 민요, 블루스 등 다양한 장르를 **아우르는** 가요계의 전설이지요.

2025년 기준으로 데뷔 57주년을 맞은 조용필은 나이가 믿기지 않을 만큼 3시간을 혼자서 라이브로 무대를 이끌며 가왕의 명성을 보여 주었어요. 조용필은 제작진과의 인터뷰에서 반세기를 넘어서도 최고의 자리를 유지하는 **비결**로 '연습'을 꼽았어요. 그의 공연은 전 세대를 통합했다는 평가를 받으며 추석 밤을 열광의 도가니로 만들었답니다. 시청자들은 역대급 방송이었다며 **호평**을 쏟아 냈어요.

- **매진**: 물건이나 표가 모두 팔려서 남은 것이 없는 것
- **아우르다**: 여러 가지를 하나로 모아서 포함하는 것
- **비결**: 성공하거나 잘하기 위한 특별한 방법
- **호평**: 좋다고 칭찬하는 평가

배경지식 더하기

밀리언셀러는 책이나 음반이 100만 부 또는 100만 장 이상 팔린 것을 말해요. 예전에는 CD나 테이프 같은 음반을 사서 음악을 들었지만 100만 장을 팔기는 정말 어려운 일이었어요. 더군다나 요즘은 음원 스트리밍으로 음악을 들어서 밀리언셀러가 나오기 더욱 어려워졌답니다.

단어 깊이 알아보기

다음 문장에서 '매진'의 뜻이 나머지와 다른 것을 찾아보세요.

① 인기 가수의 콘서트 좌석이 모두 매진됐어요.
② 선수들이 우승을 위해 매진하며 훈련했어요.
③ 한정판 신발이 하루 만에 매진됐어요.
④ 극장의 모든 좌석이 매진되어 표를 구할 수 없었어요.
⑤ 새로 나온 장난감이 일주일 만에 매진됐어요.

논술 개요 잡기

1. 조용필이 반세기가 넘도록 최고의 자리를 유지하는 비결은 무엇인가요?

----

2. 한 분야에서 최고가 되기 위한 방법을 써 보세요.

- 한 분야에서 최고가 되려면 필요한 것

- 내가 잘하고 싶은 분야

- 그것을 잘하기 위해 지금 할 수 있는 일

기적의 다이어트 위고비, 정말 안전할까?

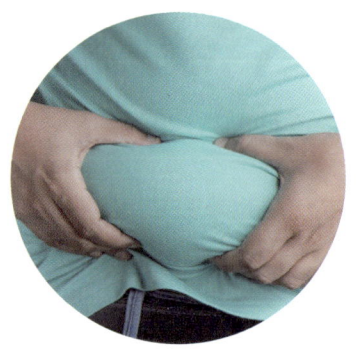

최근 테슬라 CEO 일론 머스크와 여러 연예인이 위고비를 사용해서 체중 **감량**에 성공했다는 소식이 전 세계적으로 큰 관심을 받고 있어요. 우리나라에서도 '기적의 비만 치료제'라는 별명으로 불리며, 국내 출시 8개월 만에 무려 40만 건이나 처방되었답니다. 하지만 정상 체중인 사람들까지 미용 목적으로 이 약을 찾고 있어서 전문가들이 우려하고 있어요.

위고비는 원래 당뇨병 환자를 치료하기 위해 개발된 전문 의약품이에요. 이 약물은 뇌에서 식욕을 억제하고, 위에서 음식이 천천히 배출되도록 해서 **포만감**을 긴 시간 동안 지속시켜요. 결국 음식을 적게 먹도록 하는 원리지요. 가장 큰 문제는 **요요 현상**이에요. 약물 사용을 중단하면 체중이 다시 늘어나기 시작한답니다. 또한 체중이 빠질 때 지방보다 근육이 더 많이 감소해요. 식욕을 억제해서 하루에 먹는 음식의 양이 줄어 근육이 먼저 빠지기 때문이에요. 그래서 근육량 감소, **골다공증**, **탈모**, 위장 장애 등의 부작용이 나타날 수 있답니다.

위고비는 고도 비만 환자나 비만과 함께 고혈압, 당뇨병 같은 질병을 가진 사람에게만 처방해야 하는 의료용 약물이에요. 전문가들은 위고비가 고도 비만 치료를 위한 전문 치료 약이지 일반적인 다이어트 제품이 아니라고 강조해요. 건강한 다이어트를 위해서는 균형 잡힌 식사와 꾸준한 운동이 가장 중요하답니다.

- **감량**: 몸무게나 양을 줄이는 것
- **포만감**: 배가 부르다고 느끼는 감각
- **요요 현상**: 다이어트 후 체중이 다시 늘어나는 현상
- **골다공증**: 뼈에 구멍이 생겨 약해지는 병
- **탈모**: 머리카락이 빠지는 것

배경 지식 더하기

요요 현상은 다이어트로 체중을 줄인 후 다시 원래 체중으로 돌아가거나 더 늘어나는 현상을 말해요. 급격하게 굶거나 약물로 체중을 줄이면 우리 몸은 에너지를 아끼려고 해요. 그래서 다시 정상적으로 먹기 시작하면 몸이 에너지를 더 많이 저장하려고 해서 살이 더 찌게 된답니다. 천천히 건강하게 살을 빼는 것이 요요 현상을 막는 방법이에요.

단어 깊이 알아보기

다음 빈칸에 알맞은 단어를 써 보세요.

1. 체중 _____ 을 위해 운동을 열심히 했어요.
2. 야채를 많이 먹으면 _____ 을 오래 느낄 수 있어요.
3. 급하게 살을 빼면 _____ 이 일어날 수 있어요.
4. 할머니는 _____ 이 있으셔서 넘어지면 뼈가 부러질 수 있어요.

논술 개요 잡기

1. 위고비가 체중을 감량시키는 원리는 무엇인가요?

_____

2. 다이어트 약물에 대한 나의 생각을 써 보세요.

- 다이어트 약물의 좋은 점

_____

- 다이어트 약물의 위험한 점

_____

- 나는 다이어트 약물 사용에 찬성하는지 반대하는지

_____

불가사리를 이용한 친환경 기업, 스타스테크

겨울철 눈이 내리면 도로가 미끄러워져 교통사고 위험이 커져요. 이를 방지하기 위해 도로에 **제설제**를 뿌려 눈과 얼음을 녹이는데, 현재 가장 많이 사용되고 있는 제설제는 염화 칼슘이라는 화학 물질이에요. 그런데 염화 칼슘에는 심각한 문제가 있어요. 염소 성분이 철을 **부식**시켜 자동차나 **교량** 같은 철 구조물에 손상이 가거든요. 더 큰 문제는 환경에 해를 입히는 것이에요. 염화 칼슘이 나무나 풀에 닿으면 식물 속 수분을 빼앗아 시들게 만들어요. 토양의 물까지 흡수해 땅이 깎여 나가는 **침식** 현상도 일으켜요. 겨울철이 지나면 도로변 나무들이 시들거나 죽는 모습을 종종 볼 수 있는데, 이게 바로 염화 칼슘의 영향이랍니다.

그런데 최근 우리나라 스타트업 회사인 스타스테크에서 '친환경 제설제'를 개발했어요. 바로 불가사리의 특별한 성분을 이용해 눈을 녹이는 방법이지요. 불가사리 제설제는 부식 방지 효과가 뛰어나 자동차나 구조물 손상을 크게 줄일 수 있어요. 성능 면에서도 기존 제설제보다 2배 오래 지속되고, 부식 정도는 5% 수준에 불과해요. 제조 비용까지 20% 절감할 수 있어서 경제성도 확보했답니다. 불가사리는 지나치게 많이 번식해 굴이나 조개를 잡아먹어 어민들의 골칫거리였는데, 이제는 환경을 지키는 유용한 자원으로 바뀌게 된 거예요.

- **제설제**: 눈이나 얼음을 녹이기 위해 뿌리는 약품
- **부식**: 금속이 녹이 슬어 손상되는 것
- **교량**: 강이나 계곡 등을 건너기 위해 만든 다리
- **침식**: 물이나 바람이 땅이나 암석을 깎아 내는 현상

배경지식 더하기

액체가 고체로 변하는 온도를 어는점이라고 해요. 물은 보통 0도에서 얼음이 되지요. 그런데 염화 칼슘은 어는점이 무려 -52°C에요. 엄청나게 낮은 어는점 덕분에 도로에 염화 칼슘을 뿌리면 눈이 얼지 않고 녹는 제설 효과가 생기는 거랍니다.

단어 깊이 알아보기

다음 빈칸에 알맞은 단어를 써 보세요.

1. 겨울철 도로에 _____ 를 뿌려서 얼음을 녹였어요.
2. 오래된 철문이 _____ 되어서 녹이 슬었어요.
3. 강을 건너기 위해 _____ 을 만들었어요.
4. 해안가의 절벽이 파도에 _____ 되고 있어요.

논술 개요 잡기

1. 염화 칼슘 제설제의 문제점은 무엇인가요?

----

2. 골칫거리가 유용하게 쓰인 경험에 대해 써 보세요.

- 골칫거리였던 것

- 그것이 어떻게 유용하게 쓰이게 되었는지

- 이 사례에서 배운 점

우리나라만의 AI를 만들어요

세계 여러 나라에서 '소버린 인공 지능(AI)'이라는 새로운 기술을 개발하고 있어요. 소버린 AI는 'AI **주권**'이라는 뜻으로, 다른 나라 기술에 의존하지 않고 각 나라가 스스로 만들어 사용하는 인공 지능을 말해요.

중국은 AI를 국가 **경쟁력**의 핵심으로 삼고 있고, 인도는 14억 명의 인구를 바탕으로 힌디어를 포함한 다언어 AI 모델 개발에 집중하고 있어요. 프랑스와 독일

같은 유럽 국가들도 중요한 데이터를 자국 내에서만 처리하는 소버린 클라우드를 만들었답니다. 한국도 이런 흐름에 발맞춰 2030년까지 AI 분야에 100조 원을 투자하겠다고 발표했어요.

소버린 AI가 필요한 이유는 여러 가지가 있어요. 첫째, 우리나라의 문화와 한국어를 정확히 이해하는 AI를 갖기 위해서예요. 현재 외국산 AI는 영어 중심으로 학습되어 한국 문화에 맞지 않는 답변을 하는 경우가 많거든요. 둘째, 국가 **안보** 때문이에요. 공공 기관들이 사용하는 클라우드 서비스 대부분이 외국 기업에서 만든 것인데, 만약 이들이 갑자기 서비스를 중단한다면 국가 업무가 **마비**될 수 있어요. 셋째, 소중한 개인 정보를 안전하게 지키기 위해서예요. 마지막으로 미래 국가 경쟁력 확보를 위해서도 중요하답니다. 앞으로는 뛰어난 AI 기술을 가진 나라가 더 많은 일자리를 만들고 강한 국가가 될 수 있거든요.

- **주권**: 스스로 다스릴 수 있는 권리
- **경쟁력**: 다른 사람이나 회사와 겨루어 이길 수 있는 능력
- **안보**: 나라의 안전을 지키는 것
- **마비**: 몸의 일부나 기능이 움직이지 않거나 작동하지 않는 상태

배경지식 더하기

클라우드는 인터넷에 연결된 컴퓨터 서버에 데이터를 저장하고 처리하는 기술을 말해요. 내 컴퓨터가 아닌 다른 곳에 있는 큰 컴퓨터에 자료를 보관하는 것이지요. 소버린 클라우드는 이런 서비스를 외국 회사가 아닌 우리나라 회사가 운영해서 중요한 정보가 외국으로 빠져나가지 않도록 하는 거랍니다.

단어 깊이 알아보기

다음 빈칸에 알맞은 단어를 써 보세요.

1. 국민들은 국가의 일을 스스로 결정할 수 있는 ＿＿＿＿＿ 이 있어요.
2. 우리 회사 제품의 ＿＿＿＿＿ 을 높이기 위해 품질을 개선했어요.
3. 군대는 국가 ＿＿＿＿＿ 를 위해 나라를 지키는 역할을 해요.
4. 폭설로 교통이 ＿＿＿＿＿ 되어 차들이 움직일 수 없었어요.

논술 개요 잡기

1. 소버린 AI란 무엇인가요?

＿＿＿＿＿＿＿＿＿＿＿＿＿＿＿＿＿＿＿＿＿＿＿＿＿＿＿＿＿＿＿＿＿＿＿＿

2. 우리나라가 소버린 AI를 개발해야 하는 이유에 대해 써 보세요.

- 소버린 AI가 필요한 이유

＿＿＿＿＿＿＿＿＿＿＿＿＿＿＿＿＿＿＿＿＿＿＿＿＿＿＿＿＿＿＿＿＿＿＿＿

- 외국 AI만 사용할 때 생기는 문제점

＿＿＿＿＿＿＿＿＿＿＿＿＿＿＿＿＿＿＿＿＿＿＿＿＿＿＿＿＿＿＿＿＿＿＿＿

- 우리나라 AI가 발전하면 좋은 점

＿＿＿＿＿＿＿＿＿＿＿＿＿＿＿＿＿＿＿＿＿＿＿＿＿＿＿＿＿＿＿＿＿＿＿＿

단어 깊이 알아보기 정답 | 1. 주권 2. 경쟁력 3. 안보 4. 마비
논술 개요 잡기 정답 | 1. 다른 나라 기술에 의존하지 않고 우리나라가 스스로 만들고 사용하는 인공지능

지구가 펄펄 끓어요, 세계 곳곳 기록적 폭염!

2025년 여름 세계 곳곳에서 기록적인 폭염이 계속 이어졌어요. 유럽에서는 섭씨 40도를 넘는 더위가 이어지면서 유명 관광지의 문을 닫는 일이 벌어지고 있어요.

프랑스에서는 기온이 너무 높아져 에펠 탑 맨 위층 **전망대**를 닫았어요. 에펠 탑이 뜨거워지면서 휘거나 망가질 수 있고, 관광객들도 위험하기 때문이에요. 그리스에서는 세계 문화유산 1호인 파르테논 신전이 있는 아크로폴리스의 오후 입장을 제한했어요. 폭염은 일상생활에도 큰 영향을 미치고 있어요. 프랑스는 1,300개가 넘는 학교가 **휴교**에 들어갔고, 이탈리아에서는 노동자들의 안전을 위해 야외 근무를 금지하는 조치를 내렸어요.

우리나라도 폭염을 피해 갈 수 없었어요. 광명과 파주는 7월 기온이 40도를 넘었고, 강원도 강릉에서는 초열대야 현상이 나타났어요. 열대야는 밤 최저 기온이 섭씨 25도 이상인 밤을 말하고, 초열대야는 섭씨 30도 이상인 밤을 뜻해요. 폭염이 심해지면서 **온열 질환**을 겪는 사람도 많이 늘어나고 있어요.

이러한 폭염은 지구 온난화가 가속화되면서 더 심해질 전망이에요. 폭염이 계속되면 농작물이 말라서 죽고, 더위로 인한 질병이 늘어나며, 북극 **빙하**가 녹아 **해수면**이 높아질 수 있어요. 지구 온난화가 더 심해지지 않도록 에너지를 절약하고 환경을 보호하는 노력이 필요해요.

- **전망대**: 멀리 내다볼 수 있도록 높게 만든 곳
- **휴교**: 학교에서 수업을 쉬는 것
- **온열 질환**: 더위로 인해 생기는 질병
- **빙하**: 오랫동안 쌓인 눈이 얼어서 만들어진 거대한 얼음덩어리
- **해수면**: 바다의 수면 높이

배경지식 더하기

지구 온난화는 이산화 탄소 같은 온실가스가 늘어나면서 지구의 평균 기온이 올라가는 현상이에요. 공장에서 나오는 연기, 자동차 배기가스, 냉난방기 사용 등이 주요 원인이에요. 과학자들은 지금처럼 온실가스가 계속 늘어나면 2100년에는 지구 평균 기온이 지금보다 최대 7도까지 더 올라갈 것으로 예측하고 있어요.

단어 깊이 알아보기

다음 설명을 읽고 어울리는 단어를 써 보세요.

1. 오늘 눈이 많이 와서 학교 안 가도 돼! : _____
2. 너무 더워서 열사병에 걸렸어: _____
3. 남극에 있는 거대한 얼음이 녹고 있대 : _____

논술 개요 잡기

1. 열대야와 초열대야가 무엇인지 각각 써 보세요.

열대야는 _____

초열대야는 _____

2. 지구 온난화를 막기 위한 구체적인 환경 보호 실천 방법을 써 보세요.

- 전기를 절약하는 방법

_____

- 물을 아껴 쓰는 방법

_____

- 쓰레기를 줄이는 방법

_____

생각만으로 로봇이 움직이는 BCI 기술

최근 뇌파로 생각을 읽어 컴퓨터나 로봇을 움직이는 기술이 크게 발전하고 있어요. 뉴럴링크는 전신 마비 환자의 뇌에 동전 크기 칩을 넣어 생각만으로 체스를 두게 했고, 중국에서는 14년간 팔다리를 못 쓰던 환자가 생각으로 컵을 집어 마시는 데 성공했지요.

BCI는 '뇌-컴퓨터 인터페이스(Brain-Computer Interface)'의 줄임말로 뇌에서 발생하는 전기 신호를 컴퓨터가 알아들을 수 있는 명령으로 바꾸는 기술이에요. 우리가 무언가를 생각하면 뇌 속 **신경 세포**들이 미세한 전기 신호를 만들어 내요. 머리에 센서를 붙여 이 **뇌파**를 읽으면, 컴퓨터가 정보를 읽고 인공 지능이 분석해서 무엇을 원하는지 알아내는 거예요. 게임 **조이스틱** 없이 '오른쪽으로 가자'라고 생각만 하면 캐릭터가 실제로 움직이는 식이지요.

BCI 기술에는 뇌에 칩을 심는 방법과 **두피**에 센서를 붙이는 방법이 있어요. 최근 개발된 기술은 수술이 필요 없는 방식이라 훨씬 안전해요. 뇌에 칩을 심는 방법은 위험 부담이 있지만, 센서를 두피에 붙이기만 하면 누구나 안심하고 사용할 수 있거든요. 이 기술이 더욱 발전하면 몸이 불편한 사람들에게 큰 희망이 될 거예요. 생각만으로 휠체어를 조종하고, 손을 사용하지 않고도 문자를 보내고, 인터넷을 사용할 수 있게 되지요. 말을 못 하는 사람도 생각만으로 대화할 수 있게 될 거예요.

- **신경 세포**: 뇌와 몸의 정보를 전달하는 세포
- **뇌파**: 뇌에서 나오는 전기 신호
- **조이스틱**: 게임이나 기계를 조종할 때 사용하는 손잡이 모양의 장치
- **두피**: 머리의 피부

배경지식 더하기

뇌파는 우리 뇌에서 생각하거나 느낄 때 발생하는 전기 신호예요. 뇌 속에는 약 860억 개의 신경 세포가 있는데, 이 세포들이 서로 정보를 주고받을 때 미세한 전기가 흘러요. 이 전기 신호를 측정한 것이 바로 뇌파랍니다. 뇌파는 집중할 때, 잠잘 때, 긴장할 때마다 다른 패턴을 보여요. BCI 기술은 이런 뇌파 패턴을 분석해 사람의 의도를 알아내는 거예요.

단어 깊이 알아보기

다음 설명에 맞는 단어를 써 보세요.

1. 뇌와 몸의 정보를 전달하는 세포: _____
2. 뇌에서 나오는 전기 신호: _____
3. 게임이나 기계를 조종할 때 사용하는 손잡이 모양의 장치: _____
4. 머리의 피부: _____

논술 개요 잡기

1. 최근에 개발된 AI가 이전의 AI와 다른 점은 무엇인가요?

----

2. 내가 BCI 기술로 하고 싶은 일을 써 보세요.

- 내가 BCI 기술로 하고 싶은 일

- 그 일을 하고 싶은 이유

- BCI 기술이 나에게 어떤 도움을 줄 수 있을지

단어 깊이 알아보기 정답: 1. 신경 세포 2. 뇌파 3. 조이스틱 4. 두피
논술 개요 잡기 정답: 1. 스스로 새로운 정보를 생성하거나 응용할 수 있는 생성형으로 바뀌고 기술

늘어나는 전쟁, 여성 징집 논란

최근 중동과 우크라이나 등 여러 곳에서 전쟁이 계속되면서 여성도 군대를 가야 한다는 의견이 나오고 있어요. 독일 총리는 최근 인터뷰에서 장기적으로 여성도 군대에 **징집**될 수 있다는 가능성을 밝혔어요. 충분한 **병력**을 확보하기 위해서는 여성도 의무 복무를 해야 한다는 거예요. 이스라엘, 노르웨이와 스웨덴과 같이 이미 여성 징집제를 시행하는 나라도 있어요. 우리나라는 현재 남자만 군대에 의무 **복무**하게 되어 있고 여자는 원하는 경우에만 직업 군인이 될 수 있어요.

여성 징집을 찬성하는 사람들은 남녀평등의 관점에서 국방의 의무를 남자만이 아니라 여자도 함께 져야 한다고 주장해요. 또한 요즘은 컴퓨터와 **드론**을 이용해 전쟁하는 경우가 많아서 여성도 충분히 군 복무를 할 수 있다는 거예요. 반대로 여성 징집을 반대하는 사람들은 남녀가 함께 생활하는 것이 더 불편하고, 여성 전용 군대 시설을 새로 만드는 데 비용이 많이 든다고 지적해요. 또한 여성들이 의무로 복무를 할 경우 저출산이 더 심해질 거라는 우려가 나오고 있어요. 한편, 여성과 남성 모두 의무 복무를 하지 않고 희망하는 사람만 직업 군인이 되는 모병제 시행을 주장하는 의견도 있어요. 모병제로 전문 군인을 **양성**하는 것이 더 효율적이고, 개인의 자유를 존중하는 방법이라는 것이지요.

- **징집:** 국가가 국민을 의무적으로 군대에 입대시키는 것
- **병력:** 군대의 인원수
- **복무:** 군인으로서 군대에서 일하는 것
- **드론:** 사람이 타지 않고 원격으로 조종하는 무인 비행기
- **양성:** 사람을 교육과 훈련으로 길러내는 것

배경지식 더하기

병역 제도에는 크게 징병제와 모병제가 있어요. 징병제는 우리나라처럼 일정 연령의 국민을 의무적으로 군대에 입대시키는 제도예요. 모병제는 본인이 원할 때 자발적으로 군대에 입대하는 제도예요. 미국, 영국 등이 모병제를 시행하고 있어요. 징병제는 병력 확보가 쉽지만 개인의 자유를 제한한다는 단점이 있고, 모병제는 자발적 입대로 전문성이 높지만 병력 확보가 어려울 수 있어요.

단어 깊이 알아보기

다음 단어와 뜻을 알맞게 연결해 보세요.

1. 징집 •
2. 병력 •
3. 드론 •
3. 양성 •

• ① 사람이 타지 않고 원격으로 조종하는 무인 비행기
• ② 사람을 교육하고 교육과 훈련으로 길러내는 것
• ③ 국가가 국민을 의무적으로 군대에 입대시키는 것
• ④ 군대의 인원수

논술 개요 잡기

1. 여성 징집을 찬성하는 사람들은 어떤 이유로 찬성하는지 써 보세요.

------

2. 의무 복무제와 모병제 중 어느 것이 더 좋을지 써 보세요.

- 더 좋다고 생각하는 제도와 이유

- 내가 선택한 제도의 장점

- 그 제도의 문제점

사라진 보물들, 루브르박물관 도난 사건

2025년 10월 19일 프랑스 파리의 세계적인 '루브르박물관'에 도둑이 침입해 왕실의 보석을 훔쳐 달아나는 사건이 발생했어요. 범인들은 오전 9시 30분경 건물 2층 창문을 부순 뒤 내부로 들어가서 유리 진열장을 깨고 보석을 훔쳐 갔어요.

도난당한 보물에는 나폴레옹 1세가 부인 마리 루이즈 황후에게 선물한 에메랄드와 다이아몬드 목걸이, 나폴레옹 3세의 부인 외제니 황후의 **브로치** 등 **진귀한** 보물이 포함됐어요. 범인들은 처음에 9점을 훔쳤지만, 외제니 황후의 왕관을 현장 근처에 떨어뜨리고 8점만 가지고 달아났어요. 도둑들이 떨어뜨린 왕관은 다이아몬드 1,354개와 에메랄드 56개로 장식된 화려한 보물인데 부서진 채로 발견됐어요.

도난당한 보석의 가치는 우리나라 돈으로 무려 약 1,400억 원이 넘는 것으로 추정돼요. 이 모든 범행은 단 7분 만에 이뤄졌어요. 이번 사건으로 루브르박물관의 **보안** 시스템에 문제가 있었다는 비판이 쏟아지고 있어요. 세계적인 명성을 자랑하는 박물관 치고 보안 시설이 **취약**했던 게 아니냐는 지적이 나오고 있지요. 박물관 직원들은 감시 인력이 부족하고 감시 카메라 같은 보안 설비가 기준에 **미달**했다고 이야기했어요. 도난 사건 여파로 루브르 박물관은 이틀 동안 문을 닫았어요. 입장을 위해 줄을 섰던 관광객들도 입장하지 못하고 발걸음을 돌려야 했지요.

- **브로치**: 옷이나 가방에 꽂아 장식하는 액세서리
- **진귀한**: 매우 귀하고 보기 드문 것
- **보안**: 안전을 지키기 위한 조치나 시스템
- **취약**: 약하거나 허술해서 문제가 생기기 쉬운 상태
- **미달**: 필요한 기준이나 수준에 못 미침

배경지식 더하기

루브르박물관은 프랑스 파리에 있는 세계 최대 규모의 박물관이에요. 레오나르도 다빈치의 <모나리자>를 비롯해 약 38만 점의 작품을 소장하고 있어요. 매년 약 1,000만 명의 관광객이 찾는 세계적인 명소예요. 과거 1911년에도 모나리자가 도난당했다가 2년 만에 되찾은 적이 있답니다.

단어 깊이 알아보기

다음 문장의 초성에 알맞은 단어를 써 넣으세요.

1. 부모님께서 생일 선물로 예쁜 ㅂㄹㅊ 를 사 주셨어요.
2. 할아버지 댁에는 ㅈㄱㅎ 골동품이 많이 있어요.
3. 우리 학교는 ㅂㅇ 을 강화하기 위해 CCTV를 설치했어요.
4. 낡은 다리는 ㅊㅇ 해서 무너질 위험이 있어요.

논술 개요 잡기

1. 루브르박물관에서 도난 사건이 일어난 이유는 무엇인가요?

----

2. 박물관이나 미술관에 가본 경험을 떠올리며 써 보세요.

- 내가 가본 박물관이나 미술관

- 그곳에서 가장 기억에 남는 전시물

- 그 전시물이 특별했던 이유

8주 차 | 국제·문화

단어 깊이 알아보기 정답: 1. 브로치 2. 진기한 3. 보안 4. 노후

논술 개요 잡기 정답: 1. 당시 인력이 부족하고 보안 체계도 갖춰지지 않았기 때문에

 주말엔 쉬어가기 8주 차 논리적 글 완성하기

> 자신감이 높아지는 단어 퀴즈

1. [보기]를 참고하여 빈칸에 들어갈 단어를 써 보세요.

> [보기] 조기 발견 / 보완 / 인질 / 징집 / 호평

엄마 : 병원에 자주 검진 받으러 가야 _____ 이 가능해요.
아빠 : 맞아요. 빨리 발견하는 게 중요하지요.

기자 : 전쟁이 끝나고 붙잡혀 있던 _____ 들이 풀려났습니다.
시민 : 정말 다행이네요!

관객1 : 이 영화 정말 재미있어요!
관객2 : _____ 을 받을 만하네요!

2. 기사의 내용과 어울리는 사자성어를 보기에서 골라 써 보세요.

> [보기] **수적천석**: 물방울이 바위를 뚫는다는 뜻으로, 꾸준히 노력하면 큰일을 이룸
> **일거양득**: 한 가지 일을 하여 두 가지 이득을 얻음
> **동병상련**: 같은 어려움을 겪는 사람끼리 서로 가엾게 여김
> **백발백중**: 모든 것이 다 들어맞거나 성공함

(1) 가왕 조용필이 57년간 성공한 비결은 끊임없는 연습이에요. ☐ ☐ ☐ ☐

(2) 불가사리 제설제는 환경도 지키고 비용도 절감해요. ☐ ☐ ☐ ☐

> 호기심이 깊어지는 생각 퀴즈

1. 이번 주에 일어난 사건 중 한 가지를 조사해 기사 형식으로 써 보세요.

_____ 년 _____ 월 _____ 일

2. 이스라엘과 팔레스타인은 70년 동안 전쟁을 반복했어요. 전쟁을 끝내고 평화를 지킬 수 있게 표어를 만들어 보세요.

(예시) 총 대신 악수를, 미움 대신 사랑을! / 전쟁은 그만! 평화는 지금!

기사 속 단어 정리

GPS	인공위성을 이용해 현재 위치를 알려 주는 시스템
MZ 세대	1980년대~2000년대 초반에 태어난 젊은 세대
OTT	인터넷으로 영화나 드라마를 볼 수 있는 서비스 (넷플릭스, 디즈니플러스 등)

가공식품	인공적으로 처리하여 만든 식품
가동	기계나 시설을 움직여서 작동시키는 것
가상 현실	컴퓨터 기술로 만든 실제처럼 느껴지는 세계
가속화	속도나 진행이 점점 빨라지는 것
감량	몸무게나 양을 줄이는 것
강타하다	세차게 치거나 큰 피해를 입힘
개봉	영화가 처음으로 극장에서 상영되는 것
개입	다른 사람이나 나라의 일에 끼어들어 관여하는 것
검소	돈이나 물건을 아껴 쓰고 낭비하지 않는 것
검토	내용을 자세히 살펴보고 따져 보는 것
격차	수준이나 정도의 차이
경감	정도나 부담을 줄이는 것
경로 우대	노인을 공경하여 특별히 대우하는 것
경쟁력	다른 사람이나 회사와 겨루어 이길 수 있는 능력
경제 규모	한 나라가 얼마나 많은 돈을 벌고 물건을 만드는지를 나타내는 크기
경제 성장률	나라 경제가 얼마나 성장했는지를 나타내는 비율
경제 효과	어떤 일이 경제에 좋은 영향을 미치는 것
경제적 부담	돈과 관련된 어려움이나 압박
계엄령	국가 비상사태 시 군대를 투입해 질서를 지키도록 하는 명령
고갈	자원이나 힘이 다 떨어져 없어지는 것
고병원성	병을 일으키는 능력이 매우 강한 것
고용	사람을 직원으로 뽑아서 일을 시키는 것
골다공증	뼈에 구멍이 생겨 약해지는 병
공공 조달	정부나 공공 기관이 필요한 물건을 사거나 공사를 맡길 회사를 선정하는 과정
공급	시장에 물건을 내놓아 판매하는 것
과징금	법이나 규칙을 어긴 것에 대해 내는 벌금
과태료	법을 어겼을 때 내야 하는 벌금
관세	다른 나라에서 물건을 수입할 때 내는 세금
교량	강이나 계곡 등을 건너기 위해 만든 다리
구직 활동	일자리를 찾기 위해 하는 여러 가지 노력과 활동
구현	생각이나 계획을 실제로 만들어 내는 것
궤도	천체나 인공위성이 일정하게 도는 길
귀감	본받을 만한 모범이 되는 대상
그래픽 디자인	여러 가지 기술을 사용하여 만든 디자인
금리	돈을 빌릴 때 내야 하는 이자의 비율

금융 거래	은행에서 돈을 빌리거나 저축하는 활동
급등	값이나 수치가 갑자기 크게 오르는 것
기괴한	모양이나 모습이 이상하고 무서운 것을 뜻함
기밀	절대로 남에게 알려서는 안 되는 중요한 비밀

도입	새로운 제도나 방법을 받아들이는 것
독자적으로	다른 사람의 도움이나 간섭 없이 스스로 행동하는 것
독점	어떤 것을 혼자서 차지하거나 지배하는 것
동성애	같은 성별의 사람을 사랑하는 것
두피	머리의 피부
드론	사람이 타지 않고 원격으로 조종하는 무인 비행기
등록금	학교에 다니기 위해 내는 돈

ㄴ

낙태	아기가 태어나기 전에 임신을 중단하는 것
난이도	일이나 문제의 어려움과 쉬움의 정도
남녀 차별	남자와 여자를 다르게 대우하는 것
남발	함부로 마구 내보내거나 사용하는 것
내수	나라 안에서 물건을 사고파는 경제 활동
노인 복지	나이가 많은 사람들의 생활을 돕는 제도나 서비스
뇌파	뇌에서 나오는 전기 신호
누적	계속 쌓여서 점점 많아지는 것

ㄹ

라이브	녹음하지 않고 실제로 연주하거나 노래하는 것

ㄷ

대변인	조직이나 기관을 대표해서 의견을 말하는 사람
대세	거스를 수 없는 큰 흐름이나 가장 인기 있는 것
대중음악	많은 사람들이 즐겨 듣는 음악

ㅁ

마그마	땅속 깊은 곳에 있는 뜨거운 액체 상태의 암석
마비	몸의 일부나 기능이 움직이지 않거나 작동하지 않는 상태
마비	시스템이나 기능이 작동하지 않고 멈춘 상태
매대	물건을 진열해 놓은 판매대
매연	물건이 탈 때 나오는 검은 연기
매진	물건이나 표가 모두 팔려서 남은 것이 없

	는 것	보완	부족한 부분을 보충해서 완전하게 만드는 것
매출	물건을 팔아서 얻은 돈의 총액	복무	군인으로서 군대에서 일하는 것
면역력	병균이나 바이러스로부터 몸을 지키는 힘	복지	국민들이 행복하고 편안하게 살 수 있도록 돕는 제도
명성	이름이 널리 알려진 좋은 평판	부식	금속이 녹이 슬어 손상되는 것
무렵	어떤 시기나 때	부채	남에게 빚진 돈
무속 신앙	귀신이나 신령을 믿고 제사나 굿을 지내는 민간 신앙	분만	아기를 낳는 것
무장 단체	무기를 가지고 조직을 이룬 집단	분양	아파트나 주택을 나누어 파는 것
무척추동물	등뼈가 없는 동물	분포	어떤 것들이 여러 곳에 흩어져 있는 상태
미달	정해진 기준이나 수에 모자라는 것	분해	복잡한 것을 간단한 것으로 나누거나 썩어서 없어지는 것
미화 인력	청소를 담당하는 사람들	불륜	결혼한 사람이 배우자가 아닌 다른 사람과 잘못된 관계를 맺는 것
		불모지	농작물이 자라지 않는 땅 또는 어떤 분야가 발달하지 못한 곳

ㅂ

		불법 유통	법을 어기고 물건이나 콘텐츠를 퍼뜨리는 것
반격	상대방의 공격에 맞서서 되받아치는 것	불법 체류	허가 없이 다른 나라에 계속 머물러 있는 것
반도체	전기가 잘 통하기도 하고 안 통하기도 하는 물질로 만든, 전자 제품의 핵심 부품	브로치	옷이나 가방에 꽂아 장식하는 액세서리
반발	어떤 일이나 의견에 반대하며 저항하는 것	비결	성공하거나 잘하기 위한 특별한 방법
발의	법이나 정책을 만들자고 제안하는 것	비서	다른 사람의 일정이나 업무를 도와주는 사람
방한	외국 사람이 한국을 방문하는 것	비수도권	수도권(서울과 경기, 인천)을 제외한 나머지 지역
번식기	동물이 알을 낳거나 새끼를 낳아 기르는 시기	비옥한	땅이 기름져서 농사짓기에 좋은 땅
병력	군대의 인원수	비율	전체에서 차지하는 정도를 나타내는 숫자
병행	두 가지 이상을 함께 진행하는 것	비자	외국에 들어가거나 머물 수 있도록 허가받는 증명
보수	전통적인 가치와 질서를 지키려는 태도나 성향	빗대다	다른 것에 비유하여 돌려 말하는 것
보안	중요한 정보나 시설을 안전하게 지키는 것	빙하	오랫동안 쌓인 눈이 얼어서 만들어진 거

대한 얼음덩어리

ㅅ ~ ㅆ

사기죄	남을 속여서 재물이나 이익을 빼앗는 범죄
사내 복지	직원들이 편리하고 안전하게 일할 수 있도록 제공하는 혜택
사례	실제로 일어난 일이나 예
삭감	정해진 금액이나 수량을 줄이는 것
상이한	서로 다르고 차이가 있는 것
상징성	어떤 의미나 가치를 나타내는 특성
상한선	더 이상 넘어서면 안 되는 최고 한계
생산량	물건이나 작물을 만들어 내는 양
생필품	생활하는 데 꼭 필요한 물건
서민	경제적으로 넉넉하지 않은 보통 사람들
선금	일을 시작하기 전에 미리 주는 돈
선사 시대	문자가 만들어지기 이전 시대
선제공격	상대방이 공격하기 전에 먼저 공격하는 것
선진국	경제가 발달하고 국민의 생활 수준이 높은 나라
선호	여러 가지 중에서 특정한 것을 더 좋아하는 것
섭입	지각판이 다른 지각판 밑으로 파고들어 가는 현상
세계 유산	유네스코에서 인류 전체의 소중한 문화재나 자연유산으로 지정한 것
소년공	어린 나이에 공장에서 일하는 아이들
소비	물건이나 서비스를 사서 쓰는 것
소상공인	작은 규모로 장사를 하는 사람
소외	무리에서 따돌림을 당하거나 관심을 받지 못하는 것
수급	물건이나 돈을 받아들이고 내보내는 것
수도권	서울과 그 주변 지역(경기도, 인천)을 통틀어 부르는 말
수면	잠을 자는 것
수요	물건을 사고 싶어 하는 욕구나 필요를 뜻하는 것
수집	여러 가지 물건이나 자료를 모으는 것
수출	자기 나라의 물건을 외국에 파는 것
수학 올림피아드	학생들의 학업 능력을 겨루는 학술 대회
수확	농작물을 거두어들이는 것
숙박료	호텔이나 펜션 등에서 잠을 자며 머무르는 데 드는 비용
순교자	자신의 믿음이나 신앙을 지키다가 목숨을 잃은 사람
스타트업	새로운 기술이나 아이디어로 시작하는 신생 기업
습성	오랫동안 반복하여 몸에 밴 행동이나 성질
시위	많은 사람들이 모여서 요구 사항을 주장하는 행동
시행	법이나 제도를 실제로 실행하는 것
신경 세포	뇌와 몸의 정보를 전달하는 세포
신용 불량자	빌린 돈을 갚지 못해서 금융 거래가 제한되는 사람
신화	옛날부터 전해 내려오는 신이나 영웅의 이야기 또는 놀라운 업적
실감	실제처럼 생생하게 느껴지는 것
쓰나미	지진이나 화산 폭발로 생기는 거대한 파도

아우르다	여러 가지를 하나로 모아서 포함하는 것	영세 자영업자	규모가 매우 작은 개인 사업을 하는 사람
악령	사람에게 나쁜 짓을 한다고 알려진 못된 귀신	영입	다른 곳에서 유능한 사람을 데려오는 것
악용	나쁜 목적으로 잘못 사용하는 것	예언	앞으로 일어날 일을 미리 말하는 것
안보	나라의 안전을 지키는 것	예지몽	미래에 일어날 일을 미리 보는 꿈
압도적	힘이나 능력이 다른 것보다 월등히 뛰어난	오프라인 매장	인터넷이 아닌 실제 건물에 있는 가게
압력	물체를 누르는 힘	오픈 런	가게가 문을 열자마자 사람들이 뛰어가며 줄을 서는 것
야생	사람의 손을 타지 않고 자연 그대로 사는 상태	온열 질환	더위로 인해 생기는 질병
양극화	두 극단으로 나뉘어 차이가 벌어지는 현상	완주	경기나 대회에서 끝까지 달리거나 참가하는 것
양서류	개구리와 같이 물과 땅 두 곳에서 모두 살 수 있는 동물	완화	엄격하거나 강한 것을 느슨하게 하는 것
양성	사람을 교육과 훈련으로 길러내는 것	외교	나라와 나라 사이의 공식적인 관계나 교섭
양성	필요한 능력을 갖춘 사람을 기르고 키우는 것	외지인	그 지역이 아닌 다른 곳에서 온 사람
양자 기술	아주 작은 입자의 특성을 이용하는 과학 기술	요요 현상	다이어트 후 체중이 다시 늘어나는 현상
어류	물속에서 사는 물고기	우려	걱정하거나 염려하는 것
억류	사람을 강제로 붙잡아 가두는 것	운하	배가 다닐 수 있도록 인공적으로 만든 물길
여의다	부모님이나 가까운 사람이 죽어서 떠나보내야 하는 것	워터마크	저작권을 보호하기 위해 이미지나 영상에 넣는 표시
역대급	지금까지 중에서 최고 수준을 말하는 것	원격 조종	멀리 떨어진 곳에서 기계나 장치를 조종하는 것
역전	순위나 상황이 뒤바뀌는 것	원재료	물건을 만드는 데 필요한 기본 재료
연소	물질이 산소와 결합하여 타는 현상	위상	어떤 사람이나 나라가 가지는 지위나 영향력
연휴	공휴일이 이어져서 생기는 긴 휴일	위약금	약속이나 계약을 지키지 못했을 때 내는 돈
열풍	어떤 일이나 물건에 대한 뜨거운 관심과 유행을 뜻하는 것	위조품:	진짜를 흉내 내어 만든 가짜 물건
		위헌	헌법에 어긋나는 것
		유대교	유대인들이 믿는 종교로, 구약 성서를 경전으로 함
영감	떠오르는 좋은 생각이나 아이디어	유사	두 개 이상이 서로 비슷하거나 닮은 것
		유사한	서로 비슷한 것

유소년	0세부터 14세까지의 어린이와 청소년을 이르는 말
유입	밖에서 안으로 들어오는 것
유출	비밀이나 중요한 정보가 밖으로 새어 나가는 것
유치	어떤 행사나 사업을 끌어들이거나 얻어 내는 것
은퇴	직장 생활을 그만두고 일을 하지 않는 것
응대	손님이나 방문한 사람을 맞아서 대하는 것
의성어	소리를 흉내 낸 말
이상 기후	평소와 다르게 이상하게 나타나는 날씨 현상
이슬람교	알라를 유일신으로 믿고 코란을 경전으로 하는 종교
이정표	길을 안내하는 표지판 또는 중요한 사건의 기준
이중 체계	하나가 고장 나도 다른 하나로 작동하게 하는 시스템
이직	다른 직장으로 옮기는 것
인건비	사람을 고용해서 일을 시키는 데 드는 비용
인디	대형 기획사에 소속되지 않은 독립적인 음악가나 밴드
인사 제도	직원을 뽑거나 관리하는 회사의 규칙이나 방법
인수인계	일이나 책임을 넘겨받거나 넘겨주는 것
인재 유출	뛰어난 사람들이 다른 곳으로 떠나는 현상
인질	요구 사항을 관철하기 위해 붙잡아둔 사람
인턴사원	일정 기간 연습 삼아 일하는 직원
임대료	건물이나 땅을 빌리는 데 드는 비용
입사	회사에 들어가 일하게 되는 것
입찰	여러 회사가 조건과 가격을 제시하고 그 중 가장 좋은 조건을 낸 회사를 선택하는 방식

자국	자신의 나라
자부심	자기 자신이나 자신이 속한 것에 대해 뿌듯하고 자랑스러운 마음
자선 단체	어려운 사람들을 돕기 위해 만들어진 모임
자퇴	학교를 스스로 그만두는 것
잔해물	부서지거나 파괴된 후 남은 조각들
장관	나라의 정부 부처를 책임지고 이끄는 사람
장기 투자	오랜 시간 동안 돈을 넣어 두고 이익을 기다리는 것
재고	팔리지 않고 남아 있는 물건
재기	실패한 후 다시 일어나는 것
저작권	자신이 만든 작품에 대한 법적 권리
저하	수준이나 능력이 낮아지는 것
적자	들어온 돈보다 나간 돈이 더 많은 상태
전년도	지난해를 뜻하는 말
전념	한 가지 일에만 온 힘을 쏟아 집중하는 것
전력	과거에 저지른 범죄 기록
전망	앞으로 일어날 일에 대한 예상
전망대	멀리 내다볼 수 있도록 높게 만든 곳
전산망	컴퓨터들이 서로 연결되어 정보를 주고받는 네트워크

전산실	컴퓨터와 서버 등 정보 시스템을 관리하는 방
전환점	상황이나 흐름이 크게 바뀌는 중요한 시점
정교한	매우 정밀하고 세밀하게 만들어진 것을 뜻함
제설제	눈이나 얼음을 녹이기 위해 뿌리는 약품
제재	잘못한 것에 대해 벌을 주거나 제한하는 것
조기 발견	병이나 문제를 일찍 찾아내는 것
조례안	지방 자치 단체에서 만드는 법안
조롱	다른 사람을 놀리거나 비웃는 것
조류	날개와 부리를 가진 새
조선업	배를 만드는 산업
조이스틱	게임이나 기계를 조종할 때 사용하는 손잡이 모양의 장치
조작	사실을 거짓으로 꾸며서 바꾸는 것
조장	어떤 현상이나 감정을 부추겨서 더 심하게 만드는 것
종식	어떤 일이 완전히 끝나는 것
주권	스스로 다스릴 수 있는 권리
주목	관심을 가지고 주의 깊게 지켜보는 것
중도 포기	어떤 일을 하다가 중간에 그만두는 것
중력	물체를 지구 중심으로 끌어당기는 힘
중복	어떤 것이 서로 겹치는 것
중장년층	40대부터 60대까지의 나이대에 속하는 사람들
증진	더 나아지고 발전하는 것
지구 온난화	지구의 평균 기온이 계속 올라가는 현상
직결	어떤 일과 바로 이어지거나 관련되는 것
진귀한	매우 귀하고 보기 드문 것
진단	병이나 문제의 원인과 상태를 검사해서 알아내는 것
진보	더 나은 방향으로 나아가고 발전하는 것
진학	상급 학교로 올라가는 것
징집	국가가 국민을 의무적으로 군대에 입대시키는 것

ㅊ

창업	새로운 사업을 시작하는 것
창출	전에 없던 것을 새로 만들어 내는 것
채무	다른 사람에게 돈을 갚아야 할 의무
천적	특정 동물을 잡아먹거나 해를 끼치는 자연의 적
청빈	가난하지만 깨끗하고 바르게 사는 것
체계적	일정한 순서와 방법에 따라 잘 짜인 것
초저가	매우 싼 가격
초청국	정식 회원은 아니지만 특별히 초대를 받아 참석하는 나라
촉구	어떤 일을 빨리하도록 강하게 요구하는 것
최고령	가장 나이가 많은 것을 뜻함
추계	미루어 계산하여 예상하는 것
추기경	가톨릭교회에서 교황 다음으로 높은 성직자
추론	알고 있는 사실을 바탕으로 미루어 생각하는 것
추정	일정한 근거를 바탕으로 미루어 짐작함
취약	약하거나 허술해서 문제가 생기기 쉬운 상태
취임	일정한 직책이나 지위에 새로 오름
취지	어떤 일을 하려는 목적이나 의도

침식	물이나 바람이 땅이나 암석을 깎아 내는 현상		부당한 이익
침체	활기가 없고 나아가지 못하는 상태	표면	물체의 겉면이나 바깥쪽
		품절	물건이 다 팔려서 없어진 상태
		플랫폼	여러 사람이 이용할 수 있는 온라인 서비스 공간

ㅌ

타결	협상이나 논의 끝에 합의를 이루는 것
탈모	머리카락이 빠지는 것
탕감	빚진 돈을 없애 주는 것
텃새	한곳에서 계속 살면서 이동하지 않는 새
통계청	나라의 여러 통계를 조사하고 발표하는 정부 기관
투자	이익을 얻기 위해 돈이나 시간을 쓰는 것
특화	특정한 분야를 전문적으로 발전시키는 것

ㅎ

한계	더 이상 나아갈 수 없는 끝이나 어려움
합성	여러 가지를 합쳐서 새로운 것을 만드는 것
해명	의심이나 오해를 풀기 위해 설명하는 것
해소	문제나 어려움을 풀어서 없애는 것
해수면	바다의 수면 높이
해조류	바다에서 사는 미역, 김, 다시마 같은 식물
핵 추진 잠수함	핵연료로 움직이는 잠수함
핵무기	핵분열이나 핵융합을 이용해 만든 위력이 매우 큰 무기
행동 요령	어떤 상황에서 지켜야 할 올바른 행동 방법
향상	수준이나 능력이 더 좋아지는 것
향유	좋은 것을 누리며 즐기는 것
허용	어떤 행동이나 일을 할 수 있도록 인정하고 받아들이는 것
헌신	다른 사람이나 일을 위해 온 힘을 다하는 것
현행법	지금 시행되고 있는 법에 따라야 하는 것
혈세	피 같은 세금이란 뜻으로 국민이 힘들게 낸 세금을 뜻함

ㅍ

파격적	기존의 틀이나 관례를 과감하게 벗어나는 것
파면	높은 직책에 있는 사람을 그 자리에서 물러나게 하는 것
평균	전체를 고르게 나눈 값
폐기	쓸모없거나 필요 없는 것을 버리는 것
포만감	배가 부르다고 느끼는 감각
포크 록	민요와 록 음악이 결합된 장르
폭리	물건값을 지나치게 비싸게 받아서 얻는

혐중	중국을 싫어하고 미워하는 감정
형량	범죄를 저지른 사람이 받는 형벌의 정도
형평성	공평하고 균형이 맞는 것
호평	좋다고 칭찬하는 평가
화질	영상이나 사진의 화면이 선명한 정도
활화산	지금도 분화할 가능성이 있는 화산
후렴구	노래에서 반복되는 중심 부분
훼손	망가뜨리거나 손상을 입힘
휴교	학교에서 수업을 쉬는 것
흥행 수익	영화나 공연으로 관객을 많이 모아서 벌어들인 돈
희귀	매우 드물고 귀한 것
희소 자원	양이 적어서 구하기 어려운 자원